AF214910

Rauchfrei für immer

Der einfache und bewährte Weg zum Nichtraucher – Schritt für Schritt zum Erfolg

Inhalt

Einleitung: Warum dieses Buch funktioniert

Persönliche Motivation

Als Autorin dieses Buches möchte ich meine Motivation teilen, Menschen zu einem rauchfreien Leben zu verhelfen. Obwohl ich selbst nie geraucht habe, war ich oft Zeugin der Auswirkungen, die das Rauchen auf das Leben von Freunden, Familienmitgliedern und Bekannten hatte. Ich habe miterlebt, wie Zigaretten schleichend Kontrolle über das Leben von Menschen gewinnen können – wie sie zum ständigen Begleiter werden, als Trostspender in stressigen Zeiten, als Routine in Momenten der Langeweile oder als vermeintlicher Genuss in sozialen Situationen.

Was mich besonders bewegte, waren die gesundheitlichen Folgen, die ich bei Menschen in meinem Umfeld sah. Atembeschwerden, chronischer Husten und die stetige Müdigkeit waren ständige Begleiter, und ich konnte beobachten, wie der Wunsch, aufzuhören, oft von der Angst vor dem Scheitern überschattet wurde. Besonders einschneidend war für mich der Moment, als ein enger Freund eine schwere Diagnose erhielt, die direkt auf sein langjähriges Rauchen zurückzuführen war. Diese Erfahrung verdeutlichte mir, wie wichtig es ist, rechtzeitig die Entscheidung zu treffen, dem Rauchen den Rücken zu kehren.

Diese Erfahrungen haben in mir den Wunsch geweckt, andere auf ihrem Weg in ein rauchfreies Leben zu unterstützen. Ich wusste, dass der Weg dorthin nicht einfach ist, und viele Menschen benötigen nicht nur Informationen, sondern auch Ermutigung und praktische Ratschläge, um erfolgreich aufzuhören. Ich begann, mich intensiv mit den Mechanismen der Nikotinsucht, den Entzugserscheinungen und den erfolgreichen Methoden des Aufhörens auseinanderzusetzen, und setzte mir das Ziel, dieses Wissen in einem Buch zusammenzufassen, das sowohl wissenschaftlich fundiert als auch leicht verständlich ist.

Dieses Buch ist das Ergebnis meiner Recherche, meiner Gespräche mit ehemaligen Rauchern und meiner eigenen tiefen Überzeugung, dass jeder den Weg in ein rauchfreies Leben finden kann. Ich verstehe die

Ängste, die damit verbunden sind – die Sorge vor Entzugserscheinungen, die Ungewissheit darüber, wie man den Alltag ohne Zigaretten gestalten soll, und die Befürchtung, dass man es nicht schaffen könnte. Aber ich habe auch gesehen, wie unglaublich befreiend es ist, wenn man die Kontrolle über sein Leben zurückgewinnt und die Sucht hinter sich lässt.

Meine Hoffnung ist, dass dieses Buch dir helfen wird, die richtigen Werkzeuge zu finden, um dein Ziel zu erreichen. Ich habe mich bemüht, einen Ansatz zu entwickeln, der nicht nur theoretisches Wissen vermittelt, sondern dir auch praktische Strategien an die Hand gibt, die du im Alltag leicht anwenden kannst. Jeder Schritt, den du gehst, bringt dich näher an die Freiheit, und ich bin überzeugt, dass auch du es schaffen kannst, ein rauchfreies Leben zu führen.

Wissenschaftliche Grundlagen des Nichtrauchens

Die Grundlage dieses Buches stützt sich auf eine Vielzahl wissenschaftlicher Erkenntnisse, die im Laufe der Jahre zur Raucherentwöhnung gewonnen wurden. Wissenschaftlich fundierte Programme haben gezeigt, dass der Schlüssel zum erfolgreichen Aufhören in einem ganzheitlichen Ansatz liegt, der sowohl die psychischen als auch die physischen Aspekte der Nikotinsucht berücksichtigt.

Nikotinsucht ist nicht einfach nur eine Gewohnheit – sie ist eine chemische Abhängigkeit. Wenn du rauchst, setzt das Nikotin in deinem Gehirn Botenstoffe frei, darunter das sogenannte Dopamin, welches für das Gefühl von Belohnung und Vergnügen verantwortlich ist. Dieser Effekt macht Nikotin so süchtig. Doch Nikotin führt auch zu physiologischen Veränderungen in deinem Körper, die es schwer machen, ohne weiteres aufzuhören. Deshalb erleben Raucher beim Versuch aufzuhören oft unangenehme Entzugserscheinungen wie Reizbarkeit, Nervosität, Schlafprobleme oder Konzentrationsschwierigkeiten.

Eine weitere wissenschaftliche Erkenntnis, die in diesem Buch berücksichtigt wird, ist die psychologische Dimension des Rauchens. Rauchen ist oft mit bestimmten Verhaltensmustern und Situationen verknüpft, die im Laufe der Jahre tief im Gehirn verankert sind. Solche "Raucher-Rituale" können das Aufhören erschweren, weil das Gehirn gelernt hat, bestimmte Situationen mit dem Rauchen zu verknüpfen. Ein Beispiel dafür ist der Morgenkaffee, der für viele Raucher ohne Zigarette kaum vorstellbar scheint.

Um diese tief verwurzelten Gewohnheiten zu brechen, ist es wichtig, diese Auslöser zu erkennen und alternative Verhaltensweisen zu entwickeln. Hierbei helfen Techniken wie das bewusste Erleben der Auslöser, das Entwickeln neuer Gewohnheiten und das Nutzen von positiven Verstärkern, um das Nichtrauchen zu belohnen.

Ein weiteres wichtiges wissenschaftliches Konzept ist die Idee des „allmählichen Aufhörens". Studien haben gezeigt, dass die Erfolgschancen steigen, wenn Raucher einen klaren Plan haben und nicht versuchen, von einem Tag auf den anderen ohne Vorbereitung aufzuhören. Das schrittweise Reduzieren des Nikotinkonsums in Kombination mit unterstützenden Maßnahmen wie Nikotinersatztherapie, Verhaltensberatung oder das Nutzen von Apps zur Rauchentwöhnung hat sich als besonders effektiv erwiesen.

Dieses Buch kombiniert all diese wissenschaftlichen Erkenntnisse mit praktischen Ansätzen. Es bietet eine klare Struktur, die es dir ermöglicht, deine Sucht Schritt für Schritt zu überwinden. Du wirst lernen, wie du nicht nur die physischen Entzugserscheinungen bekämpfen kannst, sondern auch die psychologischen Mechanismen, die hinter deinem Rauchverhalten stehen, zu verstehen und zu überwinden.

Ein Blick auf die Erfolgsquote

Eine berechtigte Frage, die sich viele Raucher stellen, bevor sie den Aufhörprozess beginnen, ist: **Wie hoch sind meine Erfolgschancen?** Vielleicht hast du in der Vergangenheit bereits Versuche unternommen, das Rauchen aufzugeben, und diese Versuche sind gescheitert. Das kann entmutigend wirken und Zweifel säen, ob du es jemals schaffen wirst, dauerhaft rauchfrei zu leben.

Zunächst einmal ist es wichtig zu verstehen, dass Rückschläge Teil des Prozesses sind. Viele Menschen benötigen mehrere Versuche, bevor sie endgültig rauchfrei werden. Laut Studien schaffen es nur etwa 5-10 % der Menschen beim ersten Versuch, das Rauchen dauerhaft aufzugeben. Doch die gute Nachricht ist: Mit jeder Methode, die du ausprobierst, lernst du etwas dazu, und deine Chancen auf langfristigen Erfolg steigen.

Programme, die wissenschaftlich fundierte Methoden zur Raucherentwöhnung nutzen – wie zum Beispiel Verhaltensprogramme, Nikotinersatztherapien oder Medikamente zur

Unterstützung – haben eine deutlich höhere Erfolgsquote. Studien haben gezeigt, dass die Kombination aus professioneller Unterstützung und einem klaren Plan die Chancen, erfolgreich mit dem Rauchen aufzuhören, verdoppeln oder sogar verdreifachen kann. Der Einsatz von Nikotinpflastern, Kaugummis oder Lutschpastillen kann helfen, die Entzugserscheinungen zu lindern und somit den Aufhörprozess zu erleichtern. Zudem gibt es immer mehr digitale Hilfsmittel wie Apps oder Online-Programme, die Raucher auf ihrem Weg begleiten und unterstützen.

Ein weiterer Faktor, der den Erfolg maßgeblich beeinflusst, ist die Motivation. Wer einen starken, inneren Antrieb hat, Nichtraucher zu werden – sei es aus gesundheitlichen, finanziellen oder persönlichen Gründen – hat deutlich bessere Chancen, langfristig erfolgreich zu sein. Hier kommt auch die Bedeutung der individuellen Vorbereitung ins Spiel. Wenn du dich mental und emotional gut auf den Aufhörprozess vorbereitest, steigen deine Chancen enorm. Auch das Bewusstsein, dass jeder Rückfall eine Lernmöglichkeit ist und nicht das Ende des Prozesses bedeuten muss, hilft vielen Menschen, durchzuhalten.

Dieses Buch bietet dir all das – wissenschaftlich fundierte Ansätze, mentale und emotionale Vorbereitung sowie praktische Werkzeuge für den Alltag – und wird dich Schritt für Schritt auf deinem Weg zum Nichtraucher begleiten. Dein Erfolg wird nicht allein von deiner Willenskraft abhängen, sondern davon, wie gut du vorbereitet bist und wie klar dein Plan ist.

Indem du dieses Buch liest und die beschriebenen Techniken anwendest, kannst du deine Erfolgschancen erheblich verbessern. Es mag nicht immer einfach sein, aber mit den richtigen Werkzeugen, der richtigen Einstellung und der Unterstützung, die du durch dieses Buch erhältst, wirst du es schaffen können. Jeder Tag ohne Zigarette ist ein Schritt in die richtige Richtung, und die Belohnungen – sowohl in Bezug auf deine Gesundheit als auch auf dein allgemeines Wohlbefinden – werden es mehr als wert sein.

Fazit

Dieses Buch funktioniert, weil es auf umfangreichen Recherchen, fundierten wissenschaftlichen Erkenntnissen und bewährten Methoden basiert. Es bietet dir nicht nur theoretisches Wissen, sondern auch konkrete, leicht umsetzbare Strategien, die dir dabei helfen, die Sucht zu überwinden und dein Leben neu zu gestalten. Du wirst lernen, wie du alte Gewohnheiten durch gesunde Routinen ersetzt, mit möglichen Entzugserscheinungen souverän umgehst und langfristig rauchfrei bleibst.

Die Entscheidung, das Rauchen hinter dir zu lassen, ist bereits der erste und wichtigste Schritt. Mit diesem Buch als Begleiter wirst du auf deinem Weg Unterstützung finden, motiviert bleiben und die Freiheit eines rauchfreien Lebens genießen können. Es ist machbar – und du hast alles, was du brauchst, um es zu schaffen.

Kapitel 1: Die Entscheidung treffen

Die Kraft des Entschlusses

Der Entschluss, mit dem Rauchen aufzuhören, ist mehr als nur eine spontane Entscheidung; er ist der erste Schritt in eine rauchfreie Zukunft. Die Bedeutung dieses Entschlusses kann nicht genug betont werden, denn er ist der Motor, der den gesamten Prozess des Aufhörens antreibt. Viele Menschen zögern, diese Entscheidung zu treffen, weil sie Angst haben, zu scheitern oder den Herausforderungen des Entzugs nicht gewachsen zu sein. Doch es ist wichtig zu verstehen, dass der Entschluss, mit dem Rauchen aufzuhören, nicht bedeutet, dass man sofort erfolgreich sein muss. Vielmehr ist er ein Bekenntnis zu einem gesünderen, freieren Leben, das durch eine bewusste Entscheidung beginnt.

Die Kraft dieses Entschlusses liegt in seiner Fähigkeit, eine klare Richtung vorzugeben und den Weg zu einem Ziel zu ebnen. Wenn du dich bewusst entscheidest, mit dem Rauchen aufzuhören, richtest du deine Energie und deinen Fokus auf dieses Ziel. Deine Entscheidung wird zu einer Art innerem Kompass, der dir hilft, auch in schwierigen Zeiten auf Kurs zu bleiben. Dieser Entschluss verleiht dir die nötige Entschlossenheit und Ausdauer, um Hindernisse zu überwinden, die auf deinem Weg zum Nichtraucher auftauchen könnten.

Es ist auch wichtig, sich darüber klar zu werden, dass die Entscheidung, mit dem Rauchen aufzuhören, eine persönliche und individuelle Wahl ist. Niemand kann diese Entscheidung für dich treffen. Du musst tief in dir selbst die Überzeugung finden, dass es an der Zeit ist, das Rauchen hinter dir zu lassen. Diese Überzeugung wird zu deiner stärksten Waffe im Kampf gegen die Sucht. Wenn du wirklich davon überzeugt bist, dass du aufhören möchtest, wirst du die notwendige Motivation finden, um dein Ziel zu erreichen.

Mentale Vorbereitung

Die mentale Vorbereitung auf das Aufhören ist ein entscheidender Faktor für den Erfolg. Sie beginnt damit, dass du dich intensiv mit den Gründen beschäftigst, warum du mit dem

Rauchen aufhören möchtest. Diese Gründe können vielfältig sein: Gesundheit, finanzielle Vorteile, die Vorbildfunktion für deine Kinder oder einfach das Bedürfnis nach mehr Freiheit und Kontrolle über dein Leben. Schreibe diese Gründe auf und halte sie fest, denn sie werden in schwierigen Momenten als Erinnerung dienen, warum du diesen Weg eingeschlagen hast.

Ein weiterer wichtiger Aspekt der mentalen Vorbereitung ist das Erkennen und Verändern von Denkmustern, die dich bisher am Rauchen festhalten ließen. Viele Raucher haben tief verwurzelte Überzeugungen darüber, dass das Rauchen ihnen hilft, mit Stress umzugehen oder dass es ein Genussmittel ist, auf das sie nicht verzichten möchten. Diese Überzeugungen müssen hinterfragt und durch positive, unterstützende Gedanken ersetzt werden. Zum Beispiel kannst du dir bewusst machen, dass es viele gesündere Wege gibt, Stress abzubauen, und dass der Genuss, den das Rauchen vermeintlich bietet, durch die negativen gesundheitlichen Folgen in keiner Weise aufgewogen wird.

Die mentale Vorbereitung umfasst auch das Entwickeln von Strategien, um mit Versuchungen und Rückfällen umzugehen. Es ist realistisch, dass du auf deinem Weg zum Nichtraucher mit Situationen konfrontiert wirst, in denen der Drang zu rauchen besonders stark ist. In diesen Momenten ist es hilfreich, im Voraus zu wissen, wie du reagieren wirst. Plane, wie du dich ablenken oder beruhigen kannst, ohne zur Zigarette zu greifen. Diese Strategien geben dir Sicherheit und stärken dein Selbstvertrauen, dass du auch in schwierigen Situationen standhaft bleiben kannst.

Ein weiterer Aspekt der mentalen Vorbereitung ist die Visualisierung des Erfolgs. Stelle dir immer wieder vor, wie es sich anfühlen wird, rauchfrei zu sein. Visualisiere die positiven Veränderungen, die in deinem Leben eintreten werden, sei es in Bezug auf deine Gesundheit, deine finanzielle Situation oder deine zwischenmenschlichen Beziehungen. Diese Visualisierungen können dir helfen, die Motivation aufrechtzuerhalten und dich auf das Ziel zu konzentrieren, selbst wenn der Weg dorthin herausfordernd ist.

Glaubenssätze erkennen und überwinden

Glaubenssätze sind tief verankerte Überzeugungen, die unser Verhalten und unsere Entscheidungen stark beeinflussen. Wenn es ums Rauchen geht, haben viele Menschen Glaubenssätze entwickelt, die ihre Sucht aufrechterhalten. Diese Überzeugungen können so tief verwurzelt sein, dass sie als unveränderlich oder als Teil der eigenen Identität wahrgenommen werden. Doch um erfolgreich mit dem Rauchen aufzuhören, ist es entscheidend, diese Glaubenssätze zu identifizieren und zu hinterfragen.

Ein weit verbreiteter Glaubenssatz unter Rauchern ist die Überzeugung, dass das Rauchen ihnen hilft, Stress abzubauen. Dieser Gedanke mag auf den ersten Blick plausibel erscheinen, da viele Menschen in stressigen Situationen zur Zigarette greifen. Doch in Wirklichkeit ist das Rauchen eher ein kurzfristiger Ausweg, der das eigentliche Problem nicht löst. Es lenkt lediglich von den wahren Ursachen des Stresses ab und kann sogar zusätzlichen Stress verursachen, etwa durch die gesundheitlichen und finanziellen

Belastungen, die mit dem Rauchen einhergehen.

Um diesen Glaubenssatz zu überwinden, ist es hilfreich, alternative Methoden zur Stressbewältigung zu entwickeln und zu üben. Körperliche Bewegung, tiefe Atemübungen, Bilder ausmalen oder das Gespräch mit Freunden und Familie können effektive Werkzeuge sein, um mit Stress umzugehen, ohne auf das Rauchen zurückzugreifen. Wenn du erkennst, dass diese Alternativen langfristig wirkungsvoller und gesünder sind, wirst du den Glaubenssatz allmählich loslassen können, dass du das Rauchen brauchst, um Stress zu bewältigen.

Ein anderer gängiger Glaubenssatz ist die Vorstellung, dass das Rauchen ein Genussmittel ist, das das Leben bereichert. Viele Raucher verbinden das Rauchen mit geselligen Momenten, Entspannung oder besonderen Anlässen und haben Angst, dass das Leben ohne Zigarette weniger angenehm sein könnte. Doch es ist wichtig, sich bewusst zu machen, dass diese Assoziationen oft durch jahrelange Gewohnheit und nicht durch die Zigarette selbst entstanden sind. Tatsächlich kann das Aufhören mit dem Rauchen das Genussempfinden steigern, da sich

Geschmackssinn und Geruchssinn verbessern und du das Leben auf neue, gesündere Weise genießen kannst.

Um diesen Glaubenssatz zu überwinden, kannst du bewusst nach neuen, positiven Erfahrungen suchen, die nicht mit dem Rauchen verbunden sind. Entdecke neue Hobbys, genieße gesunde Mahlzeiten oder belohne dich auf andere Weise für deine Fortschritte. Durch diese neuen Erfahrungen wirst du feststellen, dass das Leben ohne Rauchen genauso erfüllend, wenn nicht sogar erfüllender sein kann.

Der letzte, häufige Glaubenssatz, den es zu überwinden gilt, ist die Angst, dass das Aufhören unmöglich ist oder dass man es „einfach nicht schaffen kann". Diese Überzeugung kann besonders stark sein, wenn man in der Vergangenheit bereits erfolglose Versuche unternommen hat, mit dem Rauchen aufzuhören. Doch es ist wichtig zu verstehen, dass jeder Rückfall Teil des Lernprozesses ist und dich letztlich stärker machen kann. Indem du aus vergangenen Erfahrungen lernst und dir Unterstützung suchst, kannst du diesen Glaubenssatz überwinden und dir selbst beweisen, dass du die Kraft hast, erfolgreich mit dem Rauchen aufzuhören.

Zusammenfassend lässt sich sagen, dass die Entscheidung, mit dem Rauchen aufzuhören, eine tiefgreifende und transformative Erfahrung ist, die eine bewusste mentale Vorbereitung erfordert. Die Kraft des Entschlusses, die Auseinandersetzung mit den eigenen Glaubenssätzen und die Entwicklung positiver Denkmuster sind entscheidend, um den Weg zum Nichtraucher erfolgreich zu beschreiten. Indem du diese Aspekte in deinem Leben verankerst, legst du das Fundament für ein rauchfreies, gesundes und erfülltes Leben.

Kapitel 2: Dein Rauchverhalten verstehen

Warum rauchen wir überhaupt?

Die Frage, warum Menschen rauchen, lässt sich nicht mit einer einfachen Antwort erklären. Rauchen ist eine komplexe Verhaltensweise, die von biologischen, psychologischen und sozialen Faktoren beeinflusst wird. Für viele Menschen beginnt das Rauchen als eine Form der Anpassung an die Gesellschaft – sei es durch den Gruppenzwang in der Jugend oder durch die Nachahmung von Vorbildern. Im Laufe der Zeit entwickelt sich jedoch bei den meisten Rauchern eine körperliche Abhängigkeit von Nikotin, dem primären süchtig machenden Wirkstoff in Zigaretten.

Nikotin ist ein starkes Stimulans, das direkt auf das Belohnungszentrum des Gehirns wirkt. Wenn du rauchst, wird Dopamin ausgeschüttet, ein Neurotransmitter, der mit Gefühlen von Glück und Belohnung assoziiert wird. Dieser schnelle Dopaminschub erzeugt ein Gefühl der

Zufriedenheit und führt dazu, dass der Körper immer wieder nach dieser Substanz verlangt. Je öfter du rauchst, desto stärker verankert sich dieses Verlangen im Gehirn, und das Rauchen wird zunehmend zu einer Gewohnheit, die schwer zu durchbrechen ist.

Abgesehen von der physischen Abhängigkeit haben viele Menschen emotionale und psychologische Gründe für ihr Rauchverhalten. Manche Menschen greifen zur Zigarette, um mit Stress, Angst oder Langeweile umzugehen. Das Rauchen wird zu einem Mittel, um unangenehme Gefühle zu unterdrücken oder sich für kurze Zeit besser zu fühlen. Auch die Routine spielt eine große Rolle: Raucher gewöhnen sich daran, in bestimmten Situationen – wie beim morgendlichen Kaffee, in Pausen bei der Arbeit oder nach dem Essen – eine Zigarette zu rauchen. Diese Routinen werden so stark verinnerlicht, dass das Rauchen als unverzichtbarer Bestandteil des Tages erscheint.

Ein weiterer wichtiger Grund, warum Menschen rauchen, ist die soziale Komponente. In vielen Kulturen und sozialen Kreisen wird das Rauchen als eine Art von Gemeinschaftserlebnis gesehen. Menschen rauchen zusammen bei sozialen Anlässen, bei Gesprächen oder einfach, um eine Pause vom

Alltag zu nehmen. Diese soziale Akzeptanz des Rauchens verstärkt das Verhalten, da es das Gefühl vermittelt, dass Rauchen ein normaler und sogar notwendiger Bestandteil des Lebens ist.

Insgesamt ist es wichtig zu erkennen, dass das Rauchen durch ein Zusammenspiel von körperlicher Abhängigkeit, emotionalen Bedürfnissen und sozialen Einflüssen aufrechterhalten wird. Um erfolgreich mit dem Rauchen aufzuhören, ist es entscheidend, diese verschiedenen Faktoren zu verstehen und anzugehen.

Psychologische und soziale Auslöser

Psychologische und soziale Auslöser spielen eine entscheidende Rolle beim Rauchen und bei der Aufrechterhaltung des Rauchverhaltens. Psychologische Auslöser sind oft emotionale Zustände oder Gedanken, die das Verlangen nach einer Zigarette wecken. Stress ist einer der häufigsten psychologischen Auslöser. Viele Raucher haben das Gefühl, dass sie zur Zigarette greifen müssen, um sich zu beruhigen oder Stress abzubauen. Dies liegt daran, dass Nikotin eine kurzfristige beruhigende Wirkung hat, die das Gehirn darauf konditioniert, in stressigen Momenten nach einer Zigarette zu verlangen.

Auch negative Emotionen wie Angst, Depression oder Langeweile können starke Auslöser sein. In solchen Momenten dient das Rauchen als eine Art "Selbstmedikation", um unangenehme Gefühle zu lindern oder sich eine kurze Auszeit von den Problemen des Alltags zu nehmen. Die Zigarette wird dann zu einem emotionalen „Pflaster", das jedoch die zugrunde liegenden Probleme nicht löst und langfristig sogar neue Probleme schaffen kann – wie gesundheitliche Schäden oder ein schlechtes Gewissen.

Ein weiterer psychologischer Auslöser ist die Konditionierung. Viele Raucher verbinden bestimmte Situationen oder Tätigkeiten automatisch mit dem Rauchen. Diese sogenannten „Pavlovschen Auslöser" entstehen durch die wiederholte Kopplung von Verhalten und Situation. Beispiele dafür sind der Drang, nach dem Essen eine Zigarette zu rauchen oder beim Autofahren, insbesondere bei langen Fahrten. Auch der Anblick anderer Menschen, die rauchen, kann ein starker Auslöser sein, da das Gehirn durch das wiederholte Sehen dieses Verhaltens selbst das Verlangen danach entwickelt.

Soziale Auslöser sind ebenfalls von großer Bedeutung. In vielen sozialen Situationen, in denen das Rauchen akzeptiert oder sogar gefördert wird, steigt das Verlangen, eine Zigarette zu rauchen. Rauchpausen bei der Arbeit, Treffen mit Freunden, die rauchen, oder gesellige Veranstaltungen wie Partys oder Barbesuche verstärken das Bedürfnis, da das Rauchen oft als gemeinschaftliche Aktivität betrachtet wird. Das soziale Umfeld kann den Druck erhöhen, weiterzurauchen, da viele Raucher das Gefühl haben, durch den Verzicht auf die Zigarette etwas von der sozialen Interaktion zu verlieren.

Diese psychologischen und sozialen Auslöser zu verstehen, ist der erste Schritt, um ihnen entgegenzuwirken. Wenn du die Situationen und Emotionen identifizieren kannst, die dein Verlangen nach einer Zigarette auslösen, kannst du gezielt Strategien entwickeln, um diese Auslöser zu umgehen oder neue, gesündere Bewältigungsmechanismen zu etablieren. Statt in stressigen Momenten zur Zigarette zu greifen, kannst du zum Beispiel Entspannungstechniken wie tiefes Atmen oder Meditation nutzen. Soziale Auslöser können durch das Setzen von klaren Grenzen oder durch die Unterstützung von Freunden, die ebenfalls Nichtraucher sind, angegangen werden.

Gewohnheiten, die das Rauchen verstärken

Die Macht der Gewohnheit darf beim Rauchen nicht unterschätzt werden. Viele Raucher rauchen nicht unbedingt aus Verlangen, sondern aus reiner Routine. Gewohnheiten sind Verhaltensmuster, die sich über lange Zeit eingeschliffen haben und oft unbewusst ablaufen. Wenn du zum Beispiel immer nach dem Essen eine Zigarette rauchst, ist das nicht unbedingt ein Verlangen nach Nikotin, sondern eher eine fest verankerte Gewohnheit. Diese Verhaltensweisen werden durch Wiederholung und Verstärkung immer stärker und sind ein zentraler Grund, warum das Aufhören so schwierig sein kann.

Ein Beispiel für eine solche Gewohnheit ist die sogenannte „Trigger-Reaktion-Kette". Diese Kette besteht aus einem bestimmten Auslöser (Trigger), einer automatischen Reaktion (in diesem Fall das Rauchen) und einer Belohnung (zum Beispiel ein Gefühl von Entspannung oder Zufriedenheit). Diese Kette kann bei vielen Gelegenheiten aktiviert werden – sei es beim Kaffee am Morgen, in der Mittagspause oder bei geselligen Abenden mit Freunden. Die Wiederholung dieser Kette verstärkt die Verbindung zwischen dem Auslöser und der Reaktion, sodass sie irgendwann automatisch abläuft, ohne dass du bewusst darüber nachdenkst.

Ein weiteres Beispiel für gewohnheitsbedingtes Rauchen ist das „Gelegenheitsrauchen". Viele Menschen rauchen nicht unbedingt täglich, greifen aber in bestimmten Situationen, wie bei Partys oder im Urlaub, zur Zigarette. Auch hier spielt die Macht der Gewohnheit eine große Rolle, denn der Zusammenhang zwischen bestimmten Anlässen und dem Rauchen ist fest in deinem Gehirn verankert. Selbst wenn du im Alltag selten rauchst, kann das Umfeld und die Gewohnheit in diesen speziellen Momenten dazu führen, dass du trotzdem zur Zigarette greifst.

Um diese gewohnheitsmäßigen Verhaltensweisen zu durchbrechen, ist es hilfreich, sie zunächst zu erkennen und zu analysieren. Frage dich: In welchen Situationen greifst du routinemäßig zur Zigarette? Was sind deine persönlichen Auslöser? Sobald du diese Muster identifiziert hast, kannst du gezielt daran arbeiten, sie zu ändern. Eine Methode, um dies zu tun, ist das sogenannte „Habit Reversal Training", bei dem du die alten Auslöser bewusst erkennst und durch neue, gesunde Gewohnheiten ersetzt.

Zum Beispiel könntest du dir vornehmen, nach dem Essen statt zur Zigarette zu greifen, einen kurzen Spaziergang zu machen oder einen Kaugummi zu kauen. Anstatt in Rauchpausen bei der Arbeit eine Zigarette zu rauchen, könntest du diese Zeit nutzen, um ein paar Dehnübungen zu machen oder tief durchzuatmen. Durch solche kleinen, aber bewussten Veränderungen kannst du deine alten Gewohnheiten allmählich durchbrechen und neue, gesündere Routinen aufbauen.

Zusammenfassend lässt sich sagen, dass das Verständnis deiner Rauchgewohnheiten und der zugrunde liegenden psychologischen und sozialen Auslöser ein wichtiger Schritt auf dem Weg zur Rauchfreiheit ist. Indem du erkennst, warum du rauchst und welche Muster dein Verhalten aufrechterhalten, kannst du gezielt daran arbeiten, diese Muster zu durchbrechen und alternative, gesunde Verhaltensweisen zu entwickeln. Dieser Prozess erfordert Geduld und Selbstreflexion, ist aber der Schlüssel zu einem langfristig rauchfreien Leben.

Kapitel 3: Die Angst vor dem Aufhören überwinden

Angst vor Entzugserscheinungen

Eine der größten Hürden beim Aufhören mit dem Rauchen ist die Angst vor den Entzugserscheinungen. Viele Raucher scheuen sich vor dem Ausstieg, weil sie befürchten, dass der Entzug von Nikotin unangenehm, schmerzhaft oder gar unerträglich wird. Diese Angst ist verständlich, da Nikotin eine starke körperliche Abhängigkeit erzeugt. Es verändert die Chemie im Gehirn und führt dazu, dass der Körper nach regelmäßigen Dosen verlangt, um den gewohnten Zustand aufrechtzuerhalten.

Entzugserscheinungen können sich auf verschiedene Arten äußern, darunter Reizbarkeit, Nervosität, Schlafstörungen, Kopfschmerzen, Konzentrationsprobleme und ein starkes Verlangen nach Zigaretten. Viele Menschen haben auch Angst vor Gewichtszunahme, da sie befürchten, das Rauchen durch übermäßiges Essen zu kompensieren. Doch obwohl diese Symptome unangenehm sein können, sind sie in den meisten Fällen nur vorübergehend und lassen nach den ersten Tagen bis Wochen allmählich nach.

Der Schlüssel, um die Angst vor Entzugserscheinungen zu überwinden, liegt im Verständnis und der Vorbereitung. Es ist wichtig, sich klarzumachen, dass die Symptome Zeichen der Heilung sind – dein Körper beginnt, sich von den Auswirkungen des Nikotins zu erholen und sich wieder an ein rauchfreies Leben zu gewöhnen. Wenn du die Entzugserscheinungen als Teil des Heilungsprozesses betrachtest, kannst du sie besser akzeptieren und dich mental darauf einstellen, dass sie nicht von Dauer sind.

Eine weitere Möglichkeit, die Angst zu lindern, besteht darin, praktische Schritte zur Bewältigung der Entzugserscheinungen zu planen. Du kannst dich im Voraus darauf vorbereiten, indem du alternative Wege findest, um mit Stress und Unbehagen umzugehen. Das Üben von Atemtechniken, körperliche Aktivität, Meditation oder das Führen eines Tagebuchs können helfen, die unangenehmen Gefühle zu mildern und deine Gedanken von der Zigarette abzulenken.

Es ist auch hilfreich zu wissen, dass viele Raucher berichten, dass die Entzugserscheinungen oft weniger schlimm sind, als sie ursprünglich befürchtet haben. Die Angst vor dem Entzug kann tatsächlich größer sein als der Entzug selbst. Sobald du die ersten Tage überstanden hast, wirst du feststellen, dass der Drang nach einer Zigarette allmählich nachlässt und du dich zunehmend stärker und kontrollierter fühlst.

Umgang mit Rückfallangst

Die Angst vor einem Rückfall ist eine weitere häufige Sorge, die viele Raucher davon abhält, den Entschluss zu fassen, mit dem Rauchen aufzuhören. Diese Angst kann lähmend sein, insbesondere für Menschen, die bereits in der Vergangenheit versucht haben aufzuhören und einen Rückfall erlitten haben. Rückfälle werden oft als persönliches Versagen empfunden, was zu Frustration und Selbstzweifeln führt.

Es ist jedoch wichtig, Rückfälle nicht als endgültiges Scheitern zu betrachten, sondern als Teil des Lernprozesses. Die meisten Menschen erleben mindestens einen Rückfall, bevor sie endgültig mit dem Rauchen aufhören. Rückfälle sind nicht ungewöhnlich und können wertvolle Einsichten liefern, die dir helfen, das nächste Mal erfolgreicher zu sein. Sie bieten die Möglichkeit, deine Auslöser besser zu verstehen und deine Strategien zur Bewältigung dieser Auslöser zu verbessern.

Um die Angst vor einem Rückfall zu minimieren, kannst du dich im Voraus auf potenzielle Herausforderungen vorbereiten. Identifiziere Situationen, in denen die Versuchung besonders groß sein könnte, und entwickle Pläne, um diesen Momenten zu widerstehen. Das können zum Beispiel Situationen wie gesellschaftliche Anlässe sein, bei denen geraucht wird, oder stressige Phasen im Alltag. Wenn du im Voraus weißt, wie du auf diese Auslöser reagieren wirst, kannst du Rückfällen besser vorbeugen.

Eine weitere hilfreiche Strategie besteht darin, Mitgefühl für dich selbst zu entwickeln. Wenn du einen Rückfall erlebst, sei nicht zu hart mit dir. Akzeptiere den Rückfall als Teil deines Weges und erinnere dich daran, warum du überhaupt aufgehört hast. Nutze den Rückfall als Gelegenheit, deine Motivation neu zu entfachen und gestärkt weiterzumachen. Statt dich selbst zu verurteilen, konzentriere dich darauf, welche Lektionen du aus dieser Erfahrung mitnehmen kannst, und setze deine Bemühungen fort, rauchfrei zu bleiben.

Rückfallangst kann auch durch den Aufbau eines starken Unterstützungssystems gemildert werden. Familie, Freunde oder Selbsthilfegruppen können dir Halt geben und dir helfen, in schwierigen Momenten durchzuhalten. Es ist oft leichter, durch schwierige Phasen zu kommen, wenn du Menschen an deiner Seite hast, die an dich glauben und dich ermutigen.

Die Illusion des „Genussrauchens" durchbrechen

Ein weiterer großer Stolperstein auf dem Weg zum Nichtraucher ist die weit verbreitete Illusion des sogenannten „Genussrauchens". Viele Raucher halten an der Überzeugung fest, dass das Rauchen ein Genussmittel ist, das Entspannung, Freude und Genuss bietet. Diese Vorstellung ist tief in der Psyche vieler Raucher verankert und erschwert es, die Zigarette als das zu sehen, was sie wirklich ist: ein Suchtmittel, das schadet, anstatt Genuss zu bringen.

Das Konzept des „Genussrauchens" ist eine Illusion, die durch jahrelanges Rauchen und gesellschaftliche Einflüsse verstärkt wird. In Wirklichkeit besteht der sogenannte „Genuss" hauptsächlich darin, das Nikotinverlangen zu stillen, das durch den Entzug entsteht. Der Entspannungs- oder Genussmoment tritt nur deshalb ein, weil das Gehirn endlich die Dosis Nikotin erhält, nach der es verlangt hat. Doch dieser „Genuss" ist flüchtig und führt dazu, dass der Kreislauf von Verlangen und Befriedigung immer wieder von vorne beginnt.

Um diese Illusion zu durchbrechen, ist es wichtig, das Rauchen objektiv zu betrachten und die schädlichen Auswirkungen nicht zu verdrängen. Wenn du dir die gesundheitlichen Folgen des Rauchens bewusst machst und dir vor Augen führst, wie stark das Rauchen dein Leben tatsächlich einschränkt – sei es durch finanzielle Kosten, körperliche Einschränkungen oder das ständige Verlangen nach Nikotin – wird der vermeintliche Genuss schnell an Bedeutung verlieren.

Eine effektive Methode, um die Illusion des „Genussrauchens" zu durchbrechen, ist es, den „Genuss" durch positive, gesunde

Alternativen zu ersetzen. Anstatt zur Zigarette zu greifen, kannst du andere Aktivitäten finden, die dir echte Freude und Entspannung bringen – sei es ein gutes Buch, ein Spaziergang in der Natur, ein Gespräch mit Freunden oder körperliche Bewegung. Diese Aktivitäten bieten dir nicht nur kurzfristige Zufriedenheit, sondern fördern langfristig auch dein Wohlbefinden und deine Gesundheit.

Ein weiterer Schritt besteht darin, dir die negativen Aspekte des Rauchens bewusst vor Augen zu führen. Du kannst eine Liste mit den Dingen erstellen, die dich am Rauchen stören – wie der Geruch, die gesundheitlichen Bedenken oder das Gefühl, von einer Substanz abhängig zu sein. Jedes Mal, wenn du an eine Zigarette denkst, kannst du diese Liste durchgehen und dich daran erinnern, warum du mit dem Rauchen aufhören möchtest.

Schließlich kannst du die Illusion des „Genussrauchens" auch durch die Visualisierung deines zukünftigen, rauchfreien Lebens überwinden. Stelle dir vor, wie viel besser du dich fühlen wirst, wenn du nicht mehr rauchst – körperlich, geistig und emotional. Indem du den Fokus auf die positiven Aspekte eines rauchfreien Lebens legst, wirst du allmählich die Vorstellung aufgeben, dass das

Rauchen dir irgendeine Form von wirklichem
Genuss bietet.

Kapitel 4: Der einfache Weg: Schritt für Schritt zum Nichtraucher

Wie du dir den Ausstieg leicht machst

Den Ausstieg aus dem Rauchen so einfach wie möglich zu gestalten, erfordert eine Kombination aus mentaler Vorbereitung, praktischen Strategien und einem klaren Plan. Der Schlüssel liegt darin, den Prozess in überschaubare Schritte zu unterteilen und dich auf den Erfolg zu konzentrieren, anstatt dich von möglichen Herausforderungen einschüchtern zu lassen. Indem du bewusst Maßnahmen ergreifst, um deinen Körper und Geist auf den Ausstieg vorzubereiten, kannst du den Übergang erheblich erleichtern.

1. **setze dir ein festes Datum**: Wähle ein Datum, an dem du aufhören wirst, und halte dich daran. Ein klarer Zeitplan gibt dir die

Gelegenheit, dich mental darauf vorzubereiten. Du kannst diesen Zeitpunkt nutzen, um schrittweise deine Zigarettenzahl zu reduzieren, oder du entscheidest dich für einen klaren Schnitt („Cold Turkey"). Der Vorteil eines festen Datums besteht darin, dass du nicht länger unentschlossen bist und den Ausstieg fest in deinen Alltag integrieren kannst.

2. **Bereite deine Umgebung vor**: Mach es dir leicht, indem du deine Umgebung rauchfrei gestaltest. Entferne alle Zigaretten, Aschenbecher, Feuerzeuge und andere Raucherutensilien aus deinem Haus, Auto und Arbeitsplatz. Diese Gegenstände sind ständige Erinnerungen an das Rauchen und könnten dich in schwachen Momenten verführen. Indem du sie entfernst, reduzierst du die Versuchung und machst es dir leichter, dich auf dein Ziel zu konzentrieren.

3. **Informiere dein Umfeld**: Erzähle Freunden, Familie und Kollegen von deinem Plan, mit dem Rauchen aufzuhören. Wenn sie Bescheid wissen, können sie dich unterstützen und ermutigen, besonders in schwierigen Momenten. Es hilft auch, wenn andere Rücksicht auf dich nehmen und dich nicht in Situationen bringen, in denen du besonders anfällig für Versuchungen bist.

4. **Ersatzstrategien finden**: Überlege dir im Voraus, wie du mit dem Verlangen nach einer Zigarette umgehen wirst. Ob es ein Glas Wasser, ein Kaugummi oder ein kurzer Spaziergang ist – entwickle eine Ersatzstrategie für Momente, in denen du normalerweise rauchen würdest. Diese Alternativen helfen dir, die Routine zu durchbrechen und neue, gesündere Gewohnheiten zu etablieren.

5. **Sei geduldig mit dir selbst**: Der Prozess des Aufhörens kann anfangs schwer sein, aber denke daran, dass jeder Schritt ein Fortschritt ist. Erwarte nicht, dass es von Anfang an mühelos läuft, sondern sei geduldig und freundlich zu dir selbst. Wenn du mit Rückfällen oder schwierigen Momenten zu kämpfen hast, erinnere dich daran, warum du aufhörst, und konzentriere dich auf deine langfristigen Ziele.

Sofortige Maßnahmen: Das letzte Mal rauchen

Der Moment, in dem du deine letzte Zigarette rauchst, ist ein entscheidender Meilenstein auf deinem Weg zum Nichtraucher. Es ist wichtig, diesen Moment bewusst und symbolisch zu gestalten, damit er in deinem Gedächtnis verankert bleibt und dir hilft, dein Ziel klar zu sehen. Dieser letzte Zug ist nicht nur der Schlussstrich unter deiner Raucherkarriere, sondern auch der Anfang deines neuen, gesünderen Lebens.

1. **Bewusstes Abschiednehmen**: Anstatt deine letzte Zigarette einfach beiläufig zu rauchen, nimm dir einen Moment Zeit, um sie bewusst zu erleben. Überlege dir während des Rauchens, was diese Zigarette für dich bedeutet und warum du dich von ihr trennst. Denke an die negativen Auswirkungen des Rauchens und daran, wie sehr du es dir wünschst, frei davon zu sein. Dieses bewusste Abschiednehmen hilft dir, die Zigarette nicht als Verlust zu betrachten, sondern als Befreiung.

2. **Eine symbolische Handlung**: Einige Menschen finden es hilfreich, den Moment der letzten Zigarette mit einer symbolischen Handlung zu verbinden, um den endgültigen Abschied zu markieren. Das kann zum Beispiel bedeuten, die Zigarettenschachtel danach symbolisch zu zerbrechen oder zu entsorgen. Diese Handlung verdeutlicht, dass du einen klaren Schlussstrich ziehst und entschlossen bist, einen neuen Lebensabschnitt zu beginnen.

3. **Vermeide Abschiedsgeschenke**: Manche Raucher neigen dazu, sich ihre letzte Zigarette besonders zu „gönnen", indem sie sie als einen letzten Genussakt betrachten. Das Problem hierbei ist, dass du der Zigarette eine besondere Bedeutung beimisst und sie idealisierst. Sieh sie lieber als etwas, das du hinter dir lassen möchtest – ein Hindernis, das du überwindest, statt als Genussmittel, das du vermissen wirst.

Die ersten Tage ohne Zigarette: Tipps für den Anfang

Die ersten Tage nach dem Aufhören sind oft die schwierigsten, da dein Körper beginnt, sich von der Nikotinabhängigkeit zu erholen und sich an das rauchfreie Leben anzupassen. Um diese

Phase erfolgreich zu meistern, ist es wichtig, auf die Herausforderungen vorbereitet zu sein und dir Werkzeuge und Techniken zurechtzulegen, die dir helfen, den Entzug zu bewältigen.

1. **Plane deine ersten Tage**: Versuche, dich in den ersten Tagen ohne Zigaretten besonders zu beschäftigen. Ablenkung ist ein wichtiges Hilfsmittel, um das Verlangen zu überstehen. Plane Aktivitäten, die dir Spaß machen und dich auf positive Weise fordern. Das kann ein Treffen mit Nichtraucherfreunden, ein Spaziergang im Park oder ein Kinobesuch sein – alles, was dich von der Zigarette ablenkt und dir Freude bereitet.

2. **Trinke viel Wasser**: Wasser hilft nicht nur, die Entgiftung deines Körpers zu unterstützen, sondern kann auch als direkte Maßnahme gegen das Verlangen nach einer Zigarette wirken. Oft wird das Bedürfnis nach Rauchen durch das einfache Gefühl des Durstes verstärkt, daher kann es helfen, immer eine Flasche Wasser griffbereit zu haben.

3. **Nikotinersatz oder Alternativen**: Einige Menschen finden es hilfreich, in den ersten Tagen Nikotinersatzprodukte wie Pflaster,

Kaugummis oder Lutschtabletten zu verwenden, um den körperlichen Entzug abzumildern. Diese Produkte können dir helfen, das Verlangen zu kontrollieren, ohne dass du wieder zur Zigarette greifen musst. Es ist jedoch wichtig, diese Produkte nicht als Dauerlösung zu betrachten, sondern als Übergangshilfe.

4. **Lerne mit Stress umzugehen**: Stress ist einer der häufigsten Auslöser für das Verlangen nach einer Zigarette, besonders in den ersten Tagen des Aufhörens. Entwickle gesunde Stressbewältigungsstrategien wie tiefe Atemübungen, Malbuch oder sportliche Betätigung. Diese Techniken helfen dir nicht nur, Stress abzubauen, sondern fördern auch dein allgemeines Wohlbefinden und deine innere Ruhe.

5. **Erinnere dich an deine Motivation**: In schwierigen Momenten ist es wichtig, dich an die Gründe zu erinnern, warum du mit dem Rauchen aufgehört hast. Du kannst eine Liste deiner persönlichen Motivationen erstellen – sei es für deine Gesundheit, für deine Familie oder für dein Selbstbewusstsein – und sie immer bei dir tragen. In Momenten der Versuchung kannst du diese Liste zur Hand nehmen und dir deine Gründe wieder ins Bewusstsein rufen.

6. **Belohne dich selbst**: Feiere deine Erfolge, auch die kleinen. Jeder Tag ohne Zigarette ist ein Fortschritt, den du wertschätzen solltest. Setze dir kleine Belohnungen für Etappenziele, zum Beispiel nach der ersten rauchfreien Woche oder dem ersten rauchfreien Monat. Diese Belohnungen müssen nicht teuer oder extravagant sein, sondern sollten dir einfach Freude bereiten und dich motivieren, weiterzumachen.

Indem du diese Schritte befolgst und dir den Ausstieg Stück für Stück erleichterst, legst du eine solide Grundlage für deinen Erfolg. Der Übergang in ein rauchfreies Leben mag anfangs herausfordernd sein, aber mit einem klaren Plan und den richtigen Hilfsmitteln kannst du die ersten Tage und Wochen erfolgreich meistern.

Kapitel 5: Strategien für langfristigen Erfolg

Alternativen zum Rauchen finden

Eine der wichtigsten Strategien für den langfristigen Erfolg als Nichtraucher besteht darin, sinnvolle Alternativen zum Rauchen zu finden. Nachdem du den physischen Entzug überstanden hast, bleibt oft das Verlangen nach den gewohnten Rauchritualen. Der Schlüssel zum dauerhaften Nichtrauchen ist es, diese Gewohnheiten durch neue, gesunde Verhaltensweisen zu ersetzen, die dir nicht nur helfen, das Rauchen zu vermeiden, sondern auch dein allgemeines Wohlbefinden steigern.

1. **Ablenkungen und neue Rituale**: Finde Aktivitäten, die dir Spaß machen und die du anstelle des Rauchens in deine Routine einbauen kannst. Viele Raucher haben feste Rauchzeiten – morgens beim Kaffee, in der Mittagspause oder abends nach dem Essen. Diese Momente kannst du nun bewusst mit neuen Ritualen füllen. Statt zur Zigarette zu

greifen, könntest du dir zum Beispiel angewöhnen, eine Tasse Tee zu trinken, einen kurzen Spaziergang zu machen oder ein Kapitel in einem Buch zu lesen. Durch die Etablierung solcher gesunder Alternativen wird das Verlangen nach Zigaretten allmählich verblassen.

2. **Entspannungstechniken**: Entspannung ist einer der häufigsten Gründe, warum Menschen rauchen, also ist es entscheidend, Alternativen zu finden, die dieselbe beruhigende Wirkung haben. Atemübungen, progressive Muskelentspannung oder Meditation sind hervorragende Techniken, um den Stress zu mindern und gleichzeitig die Kontrolle über deine Emotionen zu bewahren. Regelmäßiges Üben dieser Techniken kann dazu beitragen, das Verlangen nach Zigaretten zu minimieren und ein Gefühl der Ruhe und Ausgeglichenheit zu fördern.

3. **Kreative Hobbys**: Kreative Aktivitäten sind eine großartige Möglichkeit, deinen Geist zu beschäftigen und dir gleichzeitig eine Pause vom Alltag zu gönnen. Ob Zeichnen, Schreiben, Kochen oder Handwerk – kreative Hobbys können dir helfen, den Fokus von der Zigarette weg auf etwas zu richten, das dich erfüllt und

gleichzeitig deine Hände und Gedanken beschäftigt.

4. **Kaugummi oder Snacks**: Für viele Menschen gehört das Rauchen auch dazu, etwas in den Händen oder im Mund zu haben. Eine einfache Alternative ist es, Kaugummi oder Bonbons parat zu haben, die du in Momenten der Versuchung benutzen kannst. Auch gesunde Snacks wie Nüsse, Obst oder Gemüsesticks können eine gute Ablenkung bieten und gleichzeitig einen positiven Beitrag zu deiner Gesundheit leisten.

Stressbewältigung ohne Zigarette

Stress ist einer der größten Rückfallauslöser für viele Menschen, die versuchen, mit dem Rauchen aufzuhören. Da Zigaretten oft als schnelle, wenn auch ungesunde Methode zur Stressbewältigung genutzt wurden, ist es wichtig, neue Wege zu finden, um mit Anspannung und Belastungen umzugehen, ohne auf die Zigarette zurückzugreifen.

1. **Regelmäßige Bewegung**: Körperliche Aktivität ist eine der effektivsten Möglichkeiten, um Stress abzubauen und gleichzeitig dein allgemeines Wohlbefinden zu verbessern. Sport

setzt Endorphine frei, die für ein besseres Gefühl sorgen und den Körper entspannen. Ob es sich um einen kurzen Spaziergang, eine Joggingrunde oder Yoga handelt, Bewegung hilft, den Geist zu klären und den Körper zu stärken, was wiederum das Verlangen nach Zigaretten verringert.

2. **Atemübungen**: Atemübungen sind ein einfacher, aber wirkungsvoller Weg, um Stress in den Griff zu bekommen. Wenn du in einer stressigen Situation das Verlangen nach einer Zigarette verspürst, kannst du dich auf deine Atmung konzentrieren. Nimm dir ein paar Minuten Zeit, um tief und langsam durch die Nase ein- und durch den Mund auszuatmen. Diese Technik beruhigt das Nervensystem und gibt dir die Kontrolle über deine Emotionen zurück, anstatt impulsiv zur Zigarette zu greifen.

3. **Soziale Unterstützung**: In stressigen Momenten kann es sehr hilfreich sein, auf ein starkes Netzwerk aus Familie und Freunden zurückzugreifen. Ein Gespräch mit jemandem, dem du vertraust, kann dir helfen, deine Sorgen zu teilen und dich emotional zu entlasten. Zudem kann dich dein soziales Umfeld ermutigen und daran erinnern, wie wichtig es ist, rauchfrei zu bleiben.

4. **Mindfulness und Achtsamkeit**: Achtsamkeit kann dir helfen, im Moment zu bleiben und Stress in einem größeren Zusammenhang zu sehen. Indem du lernst, deine Gedanken und Gefühle zu beobachten, ohne sie zu bewerten, wirst du besser in der Lage sein, das Verlangen nach einer Zigarette als temporären, aber kontrollierbaren Impuls zu erkennen. Mindfulness-Übungen wie Meditation oder achtsames Gehen sind besonders wirksam, um Stress zu reduzieren und ein inneres Gleichgewicht zu finden.

5. **Zeitmanagement**: Oft entsteht Stress durch das Gefühl, zu viel auf einmal bewältigen zu müssen. Indem du deine Zeit effektiv planst und Prioritäten setzt, kannst du den Druck reduzieren, der oft zum Rauchen führt. Mach dir eine realistische To-Do-Liste, die dir hilft, deine Aufgaben überschaubar zu halten und dich nicht zu überfordern.

Gesunde Gewohnheiten etablieren

Langfristiger Erfolg als Nichtraucher hängt stark davon ab, wie gut du es schaffst, gesunde Gewohnheiten in deinen Alltag zu integrieren. Diese neuen Gewohnheiten ersetzen nicht nur das Rauchen, sondern tragen auch dazu bei, deine Gesundheit, dein Wohlbefinden und deine Lebensqualität insgesamt zu verbessern.

1. **Neue Routinen entwickeln**: In den ersten Wochen nach dem Aufhören bist du besonders anfällig für Rückfälle, da dein Körper und Geist noch auf die alten Rauchgewohnheiten programmiert sind. Eine der besten Möglichkeiten, dies zu verhindern, ist die Schaffung neuer Routinen. Setze dir tägliche Gewohnheiten wie Morgensport, Meditation oder das Zubereiten gesunder Mahlzeiten. Diese neuen Routinen können helfen, den Tag strukturiert zu beginnen und das Gefühl zu vermitteln, die Kontrolle über dein Leben zurückzuerlangen.

2. **Achtsame Ernährung**: Viele Menschen befürchten, dass sie nach dem Aufhören mit dem Rauchen an Gewicht zunehmen könnten.

Dies lässt sich durch eine bewusste und gesunde Ernährung vermeiden. Anstatt zu zuckerhaltigen Snacks zu greifen, wenn das Verlangen aufkommt, kannst du dir nährstoffreiche Alternativen wie Obst, Gemüse, Nüsse oder Joghurt vorbereiten. Eine ausgewogene Ernährung fördert nicht nur deine Gesundheit, sondern hilft auch dabei, das Verlangen nach Nikotin zu reduzieren.

3. **Schlafhygiene**: Ausreichender und erholsamer Schlaf ist für die körperliche und geistige Regeneration essenziell. Eine gute Schlafhygiene kann dir helfen, stressresistenter zu werden und besser mit den Herausforderungen des Nichtrauchens umzugehen. Achte darauf, dass du regelmäßige Schlafzeiten einhältst, abends eine entspannte Routine pflegst und dein Schlafzimmer möglichst ruhig und dunkel hältst, um die Schlafqualität zu fördern.

4. **Positive Selbstgespräche**: Viele Menschen neigen dazu, sich selbst zu kritisieren, wenn sie Schwierigkeiten haben, mit dem Rauchen aufzuhören. Statt dich selbst zu verurteilen, entwickle die Gewohnheit, dir positive und ermutigende Selbstgespräche zu führen. Erinner dich regelmäßig daran, wie weit du schon gekommen bist und dass du die Fähigkeit hast, rauchfrei zu bleiben. Positive

Selbstgespräche stärken dein Selbstbewusstsein und deine Entschlossenheit.

5. **Selbstpflege**: Sich gut um sich selbst zu kümmern, sollte ein zentraler Bestandteil deines rauchfreien Lebens sein. Das kann regelmäßige Bewegung, gesunde Ernährung, genügend Schlaf und entspannende Hobbys umfassen. Selbstpflege ist nicht nur ein Ersatz für das Rauchen, sondern stärkt auch dein Wohlbefinden und fördert deine Fähigkeit, langfristig rauchfrei zu bleiben.

Indem du dir bewusst Alternativen zum Rauchen suchst, Strategien zur Stressbewältigung entwickelst und neue, gesunde Gewohnheiten etablierst, schaffst du die Basis für langfristigen Erfolg als Nichtraucher. Diese Strategien helfen dir nicht nur, das Rauchen dauerhaft hinter dir zu lassen, sondern auch ein gesünderes und erfüllteres Leben zu führen.

Kapitel 6: Rückfälle vermeiden und überwinden

Warum Rückfälle normal sind

Rückfälle gehören für viele Menschen zum Prozess des Aufhörens dazu und sind ein ganz normaler Bestandteil der Raucherentwöhnung. Die meisten Menschen, die langfristig rauchfrei bleiben, erleben mindestens einen Rückfall auf ihrem Weg. Rückfälle sind kein Zeichen von persönlichem Versagen, sondern eher ein Hinweis darauf, dass die Nikotinabhängigkeit stark ist und tief verwurzelte Gewohnheiten nicht von heute auf morgen verschwinden. Es ist wichtig, Rückfälle als Lernmöglichkeit zu betrachten, anstatt sie als endgültige Niederlage zu werten.

Ein Rückfall bedeutet nicht, dass all deine bisherigen Bemühungen umsonst waren. Die Zeit, die du bereits rauchfrei warst, hat deinem Körper und Geist viele Vorteile gebracht, und jeder Versuch, mit dem Rauchen aufzuhören, erhöht die Chancen, dass du letztlich erfolgreich sein wirst. Der Prozess des Aufhörens ist selten linear; es ist vielmehr ein ständiges Vorankommen mit gelegentlichen Rückschritten. Diese Rückschritte bieten dir die Gelegenheit, mehr über deine Auslöser zu lernen, deine Strategien anzupassen und gestärkt daraus hervorzugehen.

Es ist auch wichtig zu erkennen, dass Rückfälle oft durch eine Kombination aus physischen, emotionalen und sozialen Faktoren ausgelöst werden. Stress, soziale Anlässe, bestimmte Gewohnheiten oder auch der plötzliche Gedanke an eine Zigarette können das Verlangen auslösen. Wenn du verstehst, dass Rückfälle Teil des Prozesses sind, kannst du besser darauf reagieren, ohne die Motivation zu verlieren.

Rückfallprävention: Warnsignale erkennen

Rückfallprävention beginnt damit, die Warnsignale zu erkennen, die darauf hindeuten, dass ein Rückfall bevorstehen könnte. Wenn du diese Signale frühzeitig wahrnimmst, kannst du rechtzeitig gegensteuern und dich besser auf den Umgang mit Versuchungen vorbereiten.

1. **Stress und emotionale Belastung**: Stress ist einer der häufigsten Auslöser für Rückfälle. Wenn du dich in einer stressigen Situation befindest – sei es durch Arbeit, persönliche Probleme oder gesundheitliche Herausforderungen – kann das Verlangen nach einer Zigarette plötzlich wieder stark werden. Stressabbau und gesunde Bewältigungsstrategien sind daher essenziell, um das Risiko eines Rückfalls zu minimieren. Achte darauf, wie du auf Stress reagierst, und entwickle alternative Wege, damit umzugehen.

2. **Gesellschaftliche Versuchungen**: Soziale Situationen, in denen geraucht wird, können ebenfalls eine große Herausforderung darstellen. Wenn du mit Freunden oder Kollegen unterwegs bist, die noch rauchen, kann das Verlangen plötzlich stark ansteigen. Achte darauf, wie du dich in solchen Situationen fühlst, und überlege dir im Voraus, wie du auf die Versuchung reagieren möchtest. Setze dir klare Grenzen und bereite dich darauf vor, höflich abzulehnen.

3. **Routine und Langeweile**: Manche Menschen greifen aus Langeweile oder in routinierten Momenten zur Zigarette zurück.

Wenn du dich in solchen Momenten unruhig fühlst oder das Verlangen verspürst, eine Zigarette zu rauchen, versuche, deine Routine zu ändern oder dich anderweitig zu beschäftigen. Schaffe dir neue Gewohnheiten, die dich von den alten Rauchritualen ablenken.

4. **Positive Erinnerungen an das Rauchen**: In manchen Momenten kannst du in Versuchung geraten, das Rauchen zu idealisieren und es als Genuss oder Entspannung zu sehen. Diese positiven Erinnerungen können gefährlich sein, weil sie die negativen Aspekte des Rauchens ausblenden. Wenn du solche Gedanken bemerkst, erinnere dich bewusst an die Gründe, warum du mit dem Rauchen aufgehört hast, und an die negativen Auswirkungen, die das Rauchen auf dein Leben hatte.

Was tun bei einem Rückfall?

Ein Rückfall bedeutet nicht das Ende deines Weges als Nichtraucher. Es ist ein vorübergehender Rückschritt, der korrigiert werden kann. Der Schlüssel liegt darin, wie du auf den Rückfall reagierst. Anstatt dich selbst zu verurteilen oder aufzugeben, solltest du den

Rückfall als Lernchance betrachten und daraus Strategien entwickeln, um in Zukunft besser vorbereitet zu sein.

1. **Akzeptiere den Rückfall und mach weiter**: Der erste Schritt besteht darin, den Rückfall zu akzeptieren, ohne dich selbst zu verurteilen. Sei dir bewusst, dass Rückfälle bei der Raucherentwöhnung häufig vorkommen und Teil des Heilungsprozesses sind. Statt in Selbstkritik zu verfallen, betrachte den Rückfall als eine vorübergehende Unterbrechung und setze dir sofort das Ziel, wieder rauchfrei zu werden.

2. **Analysiere den Rückfall**: Überlege dir genau, was den Rückfall ausgelöst hat. Welche Situationen, Gedanken oder Emotionen haben dich dazu gebracht, wieder zur Zigarette zu greifen? Diese Analyse hilft dir, die Auslöser besser zu verstehen und in Zukunft gezielter zu vermeiden oder mit ihnen umzugehen. Es ist hilfreich, die Umstände des Rückfalls aufzuschreiben, um einen klaren Überblick darüber zu bekommen.

3. **Aktualisiere deinen Plan**: Nachdem du den Rückfall analysiert hast, ist es wichtig, deinen Nichtraucher-Plan zu überarbeiten. Vielleicht brauchst du zusätzliche

Unterstützung oder musst deine Strategien anpassen. Füge neue Methoden hinzu, um mit den identifizierten Auslösern umzugehen, und setze dir erneut klare Ziele. Überlege, ob du möglicherweise auch auf Nikotinersatzprodukte oder andere Hilfsmittel zurückgreifen möchtest, um das Verlangen besser zu kontrollieren.

4. **Suche Unterstützung**: Sprich mit Freunden, Familie oder einem Berater über den Rückfall. Es kann sehr entlastend sein, sich jemanden anzuvertrauen und Unterstützung zu erhalten. Du kannst auch Selbsthilfegruppen oder Online-Foren in Betracht ziehen, in denen andere Nichtraucher ähnliche Erfahrungen teilen. Unterstützung von außen kann dir helfen, motiviert zu bleiben und die nächsten Schritte erfolgreich anzugehen.

5. **Vermeide die „Alles-oder-Nichts"-Falle**: Viele Menschen neigen dazu, nach einem Rückfall zu denken: „Jetzt ist sowieso alles verloren" und geben vollständig auf. Dies ist ein gefährliches Denkmuster, das zu einem dauerhaften Rückfall führen kann. Denke daran, dass ein einziger Rückfall nicht bedeutet, dass du versagt hast. Selbst wenn du eine oder mehrere Zigaretten geraucht hast, kannst du jederzeit den Entschluss fassen,

wieder aufzuhören. Jeder rauchfreie Tag zählt, und du kannst jederzeit die Kontrolle zurückgewinnen.

6. **Verstärke deine Motivation**: Nach einem Rückfall kann es hilfreich sein, deine Gründe für das Aufhören noch einmal zu überdenken und deine Motivation zu stärken. Schreibe erneut auf, warum du rauchfrei bleiben möchtest – sei es für deine Gesundheit, deine Familie oder deine finanzielle Freiheit. Diese schriftliche Erinnerung kann dir helfen, dich erneut auf dein Ziel zu konzentrieren und die nötige Entschlossenheit zu finden, um weiterzumachen.

Rückfälle sind ein natürlicher Teil des Prozesses und bieten wertvolle Lektionen, die dir helfen, langfristig rauchfrei zu bleiben. Indem du Warnsignale frühzeitig erkennst, Rückfälle analysierst und aus ihnen lernst, erhöhst du deine Chancen, den endgültigen Abschied vom Rauchen erfolgreich zu meistern. Jeder Schritt, den du auf diesem Weg machst, bringt dich näher zu einem dauerhaften, rauchfreien Leben.

Kapitel 7: Der gesundheitliche und finanzielle Gewinn

Positive Veränderungen im Körper

Der gesundheitliche Gewinn des Aufhörens mit dem Rauchen ist enorm und tritt schneller ein, als viele Menschen erwarten. Schon kurz nach der letzten Zigarette beginnt der Körper, sich zu erholen und die durch das Rauchen verursachten Schäden zu reparieren. Diese positiven Veränderungen machen sich sowohl kurz- als auch langfristig bemerkbar und haben einen tiefgreifenden Einfluss auf dein Wohlbefinden und deine Lebensqualität.

1. **Nach 20 Minuten**: Bereits 20 Minuten nach dem Rauchstopp beginnen sich Herzfrequenz und Blutdruck zu normalisieren. Das bedeutet, dass dein Herz weniger belastet wird und dein Blutkreislauf sich stabilisiert.

2. **Nach 8 Stunden**: Innerhalb von acht Stunden sinkt der Kohlenmonoxidspiegel im Blut auf normale Werte, und der Sauerstoffspiegel steigt an. Dein Blut transportiert Sauerstoff nun effizienter, was deine Organe besser versorgt und dich energiegeladener fühlen lässt.

3. **Nach 24 Stunden**: Nur einen Tag nach dem Aufhören beginnt dein Risiko für einen Herzinfarkt zu sinken. Dein Körper wird weiterhin entgiften und sich von den gefährlichen Chemikalien in Zigarettenrauch befreien.

4. **Nach 48 Stunden**: Innerhalb von zwei Tagen verbessert sich dein Geruchs- und Geschmackssinn erheblich. Deine Nervenenden, die durch das Rauchen geschädigt wurden, beginnen sich zu regenerieren, und du wirst wieder in der Lage sein, Düfte und Aromen intensiver wahrzunehmen.

5. **Nach 2-3 Wochen**: Deine Lungenfunktion verbessert sich spürbar. Die Atemwege entspannen sich, und du wirst feststellen, dass du leichter und freier atmen kannst. Auch deine

Ausdauer und Energie steigen, was körperliche Aktivitäten angenehmer macht.

6. **Nach 1 Monat**: Der Husten und die Kurzatmigkeit, die durch das Rauchen verursacht wurden, beginnen allmählich zu verschwinden. Die kleinen Härchen in den Atemwegen, die als Flimmerhärchen bezeichnet werden und Schleim und Schadstoffe aus der Lunge entfernen, erholen sich und arbeiten wieder effizienter.

7. **Nach 1 Jahr**: Nach einem Jahr ohne Rauchen sinkt dein Risiko für Herzkrankheiten um etwa 50 % im Vergleich zu einem Raucher. Auch das Risiko für Schlaganfälle und andere schwere Erkrankungen wie Lungenentzündung oder Bronchitis verringert sich erheblich.

8. **Langfristige Vorteile**: In den Jahren nach dem Rauchstopp sinken deine Risiken für Lungenkrebs, Herzkrankheiten und andere schwere Gesundheitsprobleme weiter. Zehn Jahre nach dem Aufhören ist dein Risiko, an Lungenkrebs zu sterben, nur noch halb so hoch wie das eines Rauchers. Nach 15 Jahren nähert sich dein Risiko für Herzkrankheiten dem einer Person, die nie geraucht hat.

Diese körperlichen Verbesserungen bedeuten nicht nur eine längere Lebensdauer, sondern auch eine höhere Lebensqualität. Du wirst dich insgesamt gesünder, fitter und energiegeladener fühlen. Dein Körper hat eine erstaunliche Fähigkeit zur Regeneration, und je früher du aufhörst, desto größer sind die gesundheitlichen Vorteile.

Finanzielle Vorteile des Nichtrauchens

Das Rauchen ist nicht nur gesundheitsschädlich, sondern auch eine erhebliche finanzielle Belastung. Die Kosten für Zigaretten summieren sich über die Jahre auf beeindruckende Summen. Wenn du dir bewusst machst, wie viel Geld du durch den Rauchstopp sparst, kann dies eine große Motivation sein, dauerhaft rauchfrei zu bleiben.

1. **Direkte Ersparnisse**: Der offensichtlichste finanzielle Vorteil des Nichtrauchens ist das Geld, das du nicht mehr für Zigaretten ausgibst. Rechne dir aus, wie viel du täglich, wöchentlich und jährlich sparst, indem du nicht mehr rauchst. Beispielsweise könnte ein Raucher, der eine Schachtel Zigaretten pro Tag kauft, leicht mehrere

Tausend Euro pro Jahr ausgeben. Dieses Geld kannst du nun für andere Dinge verwenden, die dir Freude bereiten oder die dir langfristige finanzielle Sicherheit bieten.

2. **Verminderte Gesundheitskosten**: Raucher haben häufig höhere Gesundheitskosten als Nichtraucher. Dazu gehören Ausgaben für Medikamente, Behandlungen und Arztbesuche aufgrund von rauchbedingten Erkrankungen wie Atemwegsproblemen, Herzkrankheiten oder Krebs. Wenn du aufhörst zu rauchen, reduzierst du das Risiko, an diesen Krankheiten zu erkranken, und senkst damit auch deine langfristigen Gesundheitskosten erheblich.

3. **Günstigere Versicherungsprämien**: Viele Versicherungen, insbesondere Lebens- und Krankenversicherungen, bieten günstigere Tarife für Nichtraucher an. Sobald du für eine gewisse Zeit rauchfrei bist, kannst du möglicherweise von niedrigeren Prämien profitieren. Dies kann über die Jahre hinweg ebenfalls eine erhebliche Ersparnis darstellen.

4. **Höhere Produktivität und weniger Krankheitstage**: Raucher neigen dazu, häufiger krank zu sein und mehr Fehltage bei

der Arbeit zu haben als Nichtraucher. Durch den Rauchstopp verbesserst du deine Gesundheit und bist seltener krank. Dies kann zu höherer Produktivität und möglicherweise zu besseren beruflichen Möglichkeiten führen. Langfristig können sich auch berufliche Vorteile und höhere Einkommen aus einem besseren Gesundheitszustand ergeben.

Die finanziellen Einsparungen durch das Nichtrauchen ermöglichen es dir, das Geld für positive Dinge in deinem Leben zu nutzen. Ob du das gesparte Geld in einen Urlaub, ein Hobby, Schuldenabbau oder Ersparnisse investierst – die Freiheit, die dir das Nichtrauchen bietet, erstreckt sich nicht nur auf deine Gesundheit, sondern auch auf deine finanzielle Zukunft.

Das Leben nach dem Rauchen: Was dich erwartet

Das Leben nach dem Rauchen ist voller Vorteile, die weit über die unmittelbaren gesundheitlichen und finanziellen Gewinne hinausgehen. Ein rauchfreies Leben bedeutet, dass du dich körperlich besser fühlst, emotional ausgeglichener bist und neue

Möglichkeiten für deine persönliche und berufliche Entwicklung entdeckst.

1. **Besseres Wohlbefinden**: Nach dem Rauchstopp wirst du bemerken, dass du dich insgesamt besser fühlst. Deine Atmung wird leichter, deine Ausdauer steigt, und du hast mehr Energie, um deinen Alltag zu bewältigen. Auch dein Immunsystem wird gestärkt, was bedeutet, dass du weniger anfällig für Erkältungen und andere Infektionen bist. Du wirst dich auch psychisch ausgeglichener fühlen, da dein Körper nicht mehr von der Sucht nach Nikotin bestimmt wird.

2. **Mehr Freiheit**: Ohne die ständige Abhängigkeit von Zigaretten wirst du dich freier fühlen. Du musst nicht mehr nach Gelegenheiten suchen, um zu rauchen, oder dich in Situationen begeben, in denen das Rauchen erlaubt ist. Du gewinnst wertvolle Zeit zurück, die du sonst mit Rauchen verbracht hast, und kannst diese Zeit für Aktivitäten nutzen, die dir wirklich Freude bereiten.

3. **Verbesserte Beziehungen**: Nichtraucher berichten oft, dass sich ihre zwischenmenschlichen Beziehungen verbessern, nachdem sie aufgehört haben zu rauchen. Du musst dich nicht mehr für den

Zigarettengeruch oder die Rauchpausen rechtfertigen, und deine Umgebung wird nicht mehr durch den Rauch beeinträchtigt. Familie und Freunde, die selbst Nichtraucher sind, werden deine Entscheidung wahrscheinlich unterstützen, und die Qualität deiner Beziehungen kann sich dadurch positiv verändern.

4. **Mehr Selbstbewusstsein**: Die Entscheidung, mit dem Rauchen aufzuhören, und der Erfolg, rauchfrei zu bleiben, stärken dein Selbstbewusstsein. Du hast bewiesen, dass du die Kontrolle über deine Gesundheit und dein Leben zurückgewonnen hast. Dieses gesteigerte Selbstwertgefühl kann sich auch auf andere Bereiche deines Lebens auswirken, sei es im Beruf, in persönlichen Projekten oder in deiner allgemeinen Lebenseinstellung.

5. **Eine gesündere Umwelt**: Durch das Nichtrauchen trägst du auch dazu bei, deine Umwelt gesünder zu machen. Du schützt deine Familie und Freunde vor den schädlichen Auswirkungen des Passivrauchens und trägst dazu bei, die Luftqualität in deiner Umgebung zu verbessern. Zudem hinterlässt du keinen Müll mehr in Form von Zigarettenstummeln, die oft in die Umwelt gelangen.

Das Leben nach dem Rauchen ist geprägt von positiven Veränderungen in deinem Körper, in deinem finanziellen Status und in deiner allgemeinen Lebensqualität. Du wirst die körperlichen und emotionalen Vorteile genießen und die Freiheit und das Selbstbewusstsein entdecken, die mit einem rauchfreien Leben einhergehen. Diese neuen Möglichkeiten und Gewinne werden dich nicht nur kurz-, sondern langfristig begleiten und dein Leben bereichern.

Kapitel 8: Unterstützung und Motivation

Wie dein Umfeld dich unterstützen kann

Dein Umfeld spielt eine entscheidende Rolle dabei, ob du erfolgreich rauchfrei bleibst. Die Unterstützung von Familie, Freunden, Kollegen und sogar medizinischen Fachleuten kann dir helfen, stark zu bleiben und dich ermutigen, auch in schwierigen Momenten durchzuhalten. Es ist wichtig, dass du deine Bedürfnisse klar kommunizierst und dein Umfeld aktiv in deinen Aufhörprozess einbeziehst.

1. **Teile dein Ziel**: Informiere die Menschen um dich herum, dass du mit dem Rauchen aufgehört hast und dass du ihre Unterstützung brauchst. Indem du offen über deine Absichten sprichst, schaffst du ein unterstützendes Umfeld, das deine Bemühungen respektiert und dir hilft, Versuchungen zu widerstehen. Viele

werden Verständnis für deine Situation zeigen und dich ermutigen.

2. **Rauchfreie Zonen schaffen**: Bitte deine Familie, Freunde oder Kollegen, keine Zigaretten in deiner Nähe zu rauchen oder keine Raucherutensilien sichtbar zu lassen. Wenn du dich in einer rauchfreien Umgebung aufhältst, wirst du weniger in Versuchung geraten und kannst deine Fortschritte leichter beibehalten. Wenn du gesellige Aktivitäten planst, schlage alternative Treffpunkte vor, die nicht stark mit Rauchen assoziiert werden.

3. **Verständnis und Geduld**: Ein unterstützendes Umfeld versteht, dass das Aufhören ein Prozess ist und Geduld erfordert. Menschen, die dir nahe stehen, sollten wissen, dass du in einigen Momenten möglicherweise gereizt oder emotional bist – typische Nebenwirkungen des Aufhörens. Indem sie Verständnis zeigen und geduldig mit dir sind, tragen sie dazu bei, dass du dich sicher und unterstützt fühlst.

4. **Motivierende Gespräche**: In schwierigen Momenten können motivierende Gespräche helfen, den Fokus auf deine Ziele zu lenken. Sprich mit Freunden oder Familienmitgliedern,

die dich daran erinnern, warum du aufgehört hast und wie weit du bereits gekommen bist. Solche Gespräche können dir Kraft geben und verhindern, dass du in Momenten der Schwäche zur Zigarette greifst.

5. **Professionelle Hilfe**: Manchmal reicht die Unterstützung durch das persönliche Umfeld nicht aus, und es kann hilfreich sein, professionelle Unterstützung in Anspruch zu nehmen. Dies können Berater, Ärzte oder Selbsthilfegruppen sein, die dir spezifische Strategien und Werkzeuge an die Hand geben, um mit dem Rauchen aufzuhören und rauchfrei zu bleiben. Selbsthilfegruppen bieten zusätzlich die Möglichkeit, sich mit Menschen auszutauschen, die ähnliche Erfahrungen machen.

Die Rolle von Motivation und Belohnung

Motivation ist einer der wichtigsten Faktoren, um langfristig rauchfrei zu bleiben. Es ist entscheidend, dass du dich immer wieder an die Gründe erinnerst, warum du aufgehört hast, und dir selbst Anerkennung für deine Fortschritte gibst. Kleine Belohnungen können dir zusätzlich helfen, motiviert zu bleiben und dein rauchfreies Leben zu genießen.

1. **Erinnere dich an deine Gründe**: Deine Motivation, mit dem Rauchen aufzuhören, ist dein Antrieb, den du immer wieder ins Gedächtnis rufen solltest. Schreibe eine Liste mit all den Gründen, warum du rauchfrei bleiben möchtest – sei es aus gesundheitlichen, finanziellen oder emotionalen Gründen. Diese Liste kannst du an einem sichtbaren Ort aufhängen oder auf deinem Handy speichern, damit du in schwierigen Momenten immer wieder darauf zurückgreifen kannst.

2. **Kurz- und langfristige Ziele setzen**: Setze dir sowohl kurzfristige als auch langfristige Ziele. Kurzfristige Ziele könnten sein, eine Woche oder einen Monat rauchfrei zu bleiben, während langfristige Ziele zum Beispiel die Aussicht auf ein Jahr oder mehrere Jahre ohne Zigaretten sein könnten. Diese Ziele helfen dir, motiviert zu bleiben und deinen Fortschritt zu messen.

3. **Belohnungen festlegen**: Belohne dich für das Erreichen von Meilensteinen. Diese Belohnungen müssen nicht extravagant sein,

aber sie sollten dir Freude bereiten. Beispiele könnten ein Abendessen in deinem Lieblingsrestaurant, ein kleiner Ausflug oder ein neues Buch sein. Diese Belohnungen geben dir etwas, worauf du dich freuen kannst, und verstärken das positive Gefühl, dass du auf dem richtigen Weg bist.

4. **Positives Selbstbild stärken**: Entwickle ein positives Selbstbild als Nichtraucher. Stelle dir vor, wie viel besser und gesünder du dich fühlst, wenn du rauchfrei bist, und wie stolz du auf deine Entscheidung sein kannst. Dieses Bild von dir selbst als Nichtraucher kann dir helfen, deine Motivation aufrechtzuerhalten und Versuchungen zu widerstehen.

5. **Tägliche Motivation**: Motivation ist keine einmalige Angelegenheit; sie muss kontinuierlich gepflegt werden. Finde tägliche Quellen der Inspiration, sei es durch Zitate, Bücher, Apps oder Nichtraucher-Foren. Regelmäßige Motivation erinnert dich daran, dass du auf dem richtigen Weg bist und dass du die Kraft hast, rauchfrei zu bleiben.

Die Bedeutung von Geduld und Selbstfürsorge

Geduld und Selbstfürsorge sind unerlässlich, um langfristig rauchfrei zu bleiben. Der Aufhörprozess erfordert Zeit und Hingabe, und es ist wichtig, freundlich und geduldig mit sich selbst umzugehen. Selbstfürsorge hilft dir, körperlich und emotional stark zu bleiben, während Geduld dir erlaubt, Rückschläge zu akzeptieren und beharrlich weiterzumachen.

1. **Geduld mit dem Prozess**: Das Aufhören ist ein Prozess, der von jedem Menschen unterschiedlich erlebt wird. Es kann einige Zeit dauern, bis das Verlangen nach Zigaretten vollständig verschwindet, und gelegentlich wirst du vielleicht an deine Grenzen stoßen. Sei geduldig mit dir selbst und erkenne, dass jeder Schritt ein Fortschritt ist, auch wenn es gelegentlich schwerfällt. Akzeptiere, dass Rückfälle oder schwierige Momente Teil des Prozesses sein können, und setze dir realistische Erwartungen.

2. **Achte auf deine Bedürfnisse**: Selbstfürsorge bedeutet, dass du dir bewusst

Zeit nimmst, um auf deine Bedürfnisse einzugehen. Das kann körperliche Selbstfürsorge wie gesunde Ernährung, ausreichender Schlaf und Bewegung umfassen, aber auch emotionale Selbstfürsorge wie das Pflegen deiner Hobbys, das Sprechen mit Freunden oder das Nehmen von Auszeiten zur Entspannung. Wenn du gut für dich selbst sorgst, bist du besser gerüstet, um Stress und Versuchungen zu bewältigen.

3. **Vermeide Überforderung**: Versuche, dich nicht zu überfordern, besonders in den ersten Wochen nach dem Aufhören. Du befindest dich in einer Phase der Umstellung, und es ist wichtig, dir genug Raum für Erholung und Anpassung zu geben. Stress und Überforderung können das Verlangen nach einer Zigarette verstärken, daher ist es wichtig, Prioritäten zu setzen und dich nicht zu überlasten.

4. **Feiere kleine Erfolge**: Jeder kleine Erfolg ist es wert, gefeiert zu werden. Ob es der erste Tag ohne Zigarette ist, der erste Monat oder ein schwieriger Moment, den du ohne Rauchen gemeistert hast – nimm dir bewusst Zeit, um stolz auf dich zu sein und diese Erfolge anzuerkennen. Diese Selbstbestätigung motiviert dich, weiterzumachen und deinen Fortschritt zu genießen.

5. **Vertrauen in den Prozess**: Geduld bedeutet auch, Vertrauen in den Prozess zu haben. Du wirst feststellen, dass mit der Zeit das Verlangen nach einer Zigarette abnimmt und du dich zunehmend als Nichtraucher fühlst. Dieser Wandel braucht jedoch Zeit und erfordert kontinuierliche Selbstfürsorge und Geduld. Glaube an dich selbst und vertraue darauf, dass du die Stärke und Ausdauer hast, rauchfrei zu bleiben.

Unterstützung, Motivation und Selbstfürsorge sind die Säulen, auf denen dein Erfolg als Nichtraucher aufbaut. Indem du dir ein starkes Umfeld schaffst, dich selbst belohnst und geduldig mit dir bist, stärkst du deine Fähigkeit, langfristig rauchfrei zu bleiben und ein gesundes, erfülltes Leben zu führen.

Kapitel 9:
Erfahrungsberichte
erfolgreicher Nichtraucher

Geschichten aus dem echten Leben

Erfahrungsberichte von Menschen, die erfolgreich mit dem Rauchen aufgehört haben, können dir wertvolle Einsichten und Motivation geben. Jeder hat seine eigene Reise zum Nichtraucher hinter sich, und diese Geschichten zeigen, dass es möglich ist, unabhängig von den Herausforderungen rauchfrei zu werden und zu bleiben. Diese Erlebnisse zeigen, wie unterschiedlich der Weg zum Erfolg sein kann und welche Strategien bei verschiedenen Menschen zum Ziel geführt haben.

1. **Andreas (47): Der Stressraucher**

   - **Situation**: Andreas rauchte fast 25 Jahre lang, meistens als Stressbewältigung in seinem stressigen Job. Obwohl er mehrmals versuchte aufzuhören, fiel es ihm schwer, sich zu entspannen, ohne zur Zigarette zu greifen.

- **Wendepunkt**: Der endgültige Anstoß zum Aufhören kam, als bei ihm Bluthochdruck diagnostiziert wurde. Die Angst vor ernsthaften gesundheitlichen Problemen motivierte ihn, ernsthaft nach Alternativen zur Stressbewältigung zu suchen.

- **Strategie**: Andreas begann, regelmäßig Yoga zu praktizieren und nutzte Atemtechniken, um Stress abzubauen. Er stellte fest, dass er dadurch viel entspannter und ausgeglichener wurde, ohne das Gefühl zu haben, dass ihm etwas fehlte. Unterstützt durch seine Familie und Kollegen, die auf Raucherpausen Rücksicht nahmen, blieb Andreas schließlich rauchfrei.

- **Erfolg**: Nach über einem Jahr rauchfrei berichtet Andreas, dass seine Gesundheit sich deutlich verbessert hat und er gelernt hat, mit beruflichem Druck ohne Rauchen umzugehen.

2. **Julia (35): Die Gelegenheitsraucherin**

- **Situation**: Julia betrachtete sich nie als starke Raucherin, rauchte aber regelmäßig bei gesellschaftlichen Anlässen und wenn sie mit Freunden unterwegs war. Sie rauchte aus Gewohnheit, weil sie sich so besser in die Gruppe einfügte.

- **Wendepunkt**: Als sie schwanger wurde, entschloss sich Julia, endgültig mit dem Rauchen aufzuhören – nicht nur für ihr Kind, sondern auch, um eine gesündere Mutter zu sein und langfristig ein Vorbild für ihr Kind zu werden.

- **Strategie**: Sie wandte sich an eine Selbsthilfegruppe für werdende Mütter, die Unterstützung beim Rauchstopp suchten. Dort fand sie eine Gemeinschaft, die sie ermutigte und ihr half, soziale Situationen ohne Zigarette zu meistern. Sie lernte, bei gesellschaftlichen Anlässen stark zu bleiben und sich alternative Beschäftigungen zu suchen.

- **Erfolg**: Julia ist nun seit drei Jahren rauchfrei und dankbar, dass sie diesen Schritt gemacht hat. Sie genießt die Zeit mit ihrem Kind und ist stolz darauf, ein gesundes Vorbild zu sein.

3. **Michael (55): Der Gewohnheitsraucher**

- **Situation**: Michael rauchte seit seiner Jugend täglich, immer in festen Routinen – morgens zum Kaffee, nach dem Essen, beim Autofahren. Das Rauchen war tief in seinen Alltag integriert, und er konnte sich ein Leben ohne Zigaretten kaum vorstellen.

- **Wendepunkt**: Nach einem Herzinfarkt wurde ihm klar, dass er sein Leben ändern musste, wenn er weiterhin für seine Familie da sein wollte. Die Aussicht auf eine gesundheitliche Verschlechterung war der Weckruf, den er brauchte.

  - **Strategie**: Michael entschied sich für den "Cold Turkey"-Ansatz und hörte von einem Tag auf den anderen auf. Dabei holte er sich professionelle Hilfe und nutzte eine Kombination aus Nikotinersatztherapien und wöchentlichen Gesprächen mit einem Berater. Er ersetzte seine Rauchrituale durch neue Gewohnheiten wie Spaziergänge und Sport.

  - **Erfolg**: Drei Jahre nach dem Rauchstopp ist Michael nicht nur gesünder, sondern fühlt sich auch mental stärker. Er sagt, dass der Verzicht auf das Rauchen ihm mehr Kontrolle über sein Leben gegeben hat.

Wie andere es geschafft haben

Der Weg zum Nichtraucher ist oft mit Herausforderungen gepflastert, aber die Erfolgsberichte anderer zeigen, dass es verschiedene Wege gibt, das Ziel zu erreichen. Hier sind einige häufige Strategien, die viele Menschen genutzt haben, um das Rauchen endgültig aufzugeben:

1. **Kleine Schritte**: Viele erfolgreiche Ex-Raucher berichten, dass sie ihren Ausstieg in kleine, machbare Schritte unterteilt haben. Statt sofort das große Ganze zu betrachten, haben sie sich auf kleine Erfolge konzentriert – einen Tag, eine Woche oder einen Monat rauchfrei zu bleiben. Diese kleinen Meilensteine motivierten sie, weiterzumachen.

2. **Ablenkungen und neue Gewohnheiten**: Eine der effektivsten Strategien ist das Ersetzen der alten Rauchgewohnheiten durch neue, gesunde Routinen. Manche Ex-Raucher haben sich körperlichen Aktivitäten zugewandt, andere kreativen Hobbys oder haben neue Interessen entwickelt, um das Verlangen nach Zigaretten zu bekämpfen. Durch das Etablieren neuer Rituale füllten sie die Lücke, die das Rauchen hinterlassen hatte.

3. **Soziale Unterstützung**: Viele Menschen haben durch die Unterstützung ihres Umfelds und Selbsthilfegruppen Erfolg gehabt. Der Austausch mit anderen, die ebenfalls versuchen, rauchfrei zu bleiben, oder die Ermutigung durch Familie und Freunde können eine starke Quelle der Motivation sein. Besonders hilfreich war es für viele, einen „Rauchpartner" zu haben – jemanden, mit dem

sie zusammen aufhörten und sich gegenseitig unterstützten.

4. **Achtsamkeit und Selbstreflexion**: Achtsamkeitsübungen und regelmäßige Selbstreflexion halfen vielen Ex-Rauchern, sich über ihre Emotionen und Auslöser bewusst zu werden. Durch das Üben von Achtsamkeit lernten sie, mit Verlangen umzugehen, ohne impulsiv zu reagieren. Sie beobachteten ihre Gedanken und Gefühle, ohne automatisch zur Zigarette zu greifen, und erkannten, dass das Verlangen nur temporär ist.

Inspiration und Durchhaltevermögen

Eines der größten Hindernisse beim Aufhören ist die Angst vor dem Scheitern. Doch die Geschichten erfolgreicher Nichtraucher zeigen, dass Rückschläge und Herausforderungen Teil des Prozesses sind. Es erfordert Durchhaltevermögen, Selbstvertrauen und vor allem die Überzeugung, dass es möglich ist, rauchfrei zu bleiben.

1. **Rückschläge akzeptieren**: Viele erfolgreiche Ex-Raucher berichten, dass sie

mehrfach versucht haben aufzuhören, bevor es endgültig gelang. Jeder Rückfall lehrte sie etwas über ihre Auslöser und ihre Strategien zur Bewältigung von Stress oder Versuchungen. Statt aufzugeben, sahen sie Rückschläge als Lernmomente und entwickelten ihre Taktiken weiter, bis sie schließlich erfolgreich waren.

2. **Langfristige Vision**: Eine gemeinsame Motivation unter erfolgreichen Nichtrauchern ist die langfristige Vision eines besseren, gesünderen Lebens. Sie stellten sich vor, wie sich ihr Leben verbessern würde, wenn sie aufhörten – gesundheitlich, finanziell und emotional. Diese Vorstellung eines besseren Lebens half ihnen, in schwierigen Momenten durchzuhalten und sich auf das große Ziel zu konzentrieren.

3. **Stolz auf Erfolge**: Stolz auf die eigenen Fortschritte zu sein, stärkte das Durchhaltevermögen vieler Ex-Raucher. Jeder rauchfreie Tag, jeder überstandene Moment der Versuchung brachte sie dem Ziel näher und gab ihnen das Selbstvertrauen, weiterzumachen. Sie ermutigten sich selbst und feierten jeden kleinen Erfolg auf ihrem Weg zum Nichtraucher.

Erfolgreiche Nichtraucher beweisen, dass es möglich ist, die Sucht zu überwinden und rauchfrei zu leben. Ihre Geschichten zeigen, dass der Weg nicht immer einfach ist, aber dass Durchhaltevermögen, Selbstreflexion und die Unterstützung des Umfelds eine entscheidende Rolle spielen. Lass dich von diesen Erfolgsgeschichten inspirieren und erinnere dich daran, dass auch du das Zeug dazu hast, rauchfrei zu bleiben und ein gesünderes, glücklicheres Leben zu führen.

Schlusswort: Dein neues, rauchfreies Leben

Die Freiheit genießen

Mit dem Abschluss deiner Reise zum Nichtraucher beginnt ein neues Kapitel in deinem Leben – eines, das von Freiheit, Gesundheit und Selbstbestimmung geprägt ist. Die Entscheidung, mit dem Rauchen aufzuhören, ist eine der bedeutendsten, die du für dein Wohlbefinden und deine Zukunft treffen konntest. Nun, da du diesen Schritt gegangen bist, ist es an der Zeit, die Früchte deiner Mühen zu ernten und die Freiheit zu genießen, die das Nichtrauchen mit sich bringt.

Die Freiheit, die du gewonnen hast, geht weit über die bloße Abwesenheit von Zigaretten hinaus. Du bist nicht länger an die Zwänge der Sucht gebunden, musst keine Rauchpausen mehr einplanen und kannst dich frei bewegen, ohne dir Sorgen um Zigaretten oder den nächsten Rauchplatz zu machen. Du wirst feststellen, dass du dich körperlich und geistig leichter fühlst, dass deine Energie zunimmt und dass du in der Lage bist, das Leben in vollen Zügen zu genießen, ohne die Schattenseite des Rauchens.

Auch im sozialen Kontext wirst du die Vorteile deiner Entscheidung spüren. Du kannst unbeschwert Zeit mit Familie und Freunden verbringen, ohne dich um den Zigarettengeruch oder das Bedürfnis nach einer Rauchpause sorgen zu müssen. Deine Beziehungen können sich verbessern, da du präsenter und fokussierter bist, ohne die Ablenkung des Rauchens.

Wie du weiterhin rauchfrei bleibst

Auch wenn du nun rauchfrei bist, ist es wichtig, wachsam zu bleiben und die Strategien, die dich bis hierher gebracht haben, weiter anzuwenden. Das Verlangen nach einer Zigarette kann in bestimmten Situationen, selbst nach langer Zeit, noch einmal aufkeimen. Deshalb ist es entscheidend, weiterhin auf dich zu achten und die richtigen Maßnahmen zu ergreifen, um dauerhaft rauchfrei zu bleiben.

1. **Bleibe bewusst und achtsam**: Selbst wenn du das Rauchen hinter dir gelassen hast, ist es wichtig, achtsam zu bleiben. Überwache deine Gedanken und Gefühle, insbesondere in stressigen Situationen oder wenn du mit alten Rauchritualen konfrontiert wirst. Achtsamkeit hilft dir, frühzeitig zu erkennen, wenn das Verlangen aufkommt, und es bewusst loszulassen, bevor es wieder die Kontrolle übernehmen kann.

2. **Setze weiterhin auf Unterstützung**: Der Weg des Nichtrauchens endet nicht, wenn du aufhörst – er setzt sich in deinem Alltag fort. Halte den Kontakt zu den Menschen, die dich während des Aufhörens unterstützt haben, und zögere nicht, ihre Hilfe in Anspruch zu nehmen, wenn du sie brauchst. Wenn du in einer schwierigen Situation steckst, erinnere dich daran, dass du nicht allein bist und dass es Menschen gibt, die dich verstehen und unterstützen können.

3. **Bleibe aktiv und gesund**: Regelmäßige Bewegung und eine gesunde Lebensweise tragen nicht nur dazu bei, das Verlangen nach Zigaretten zu reduzieren, sondern verbessern auch dein allgemeines Wohlbefinden. Finde Freude an neuen Aktivitäten, die dich körperlich und geistig fordern, und investiere in deine

Gesundheit, um die positiven Effekte des Nichtrauchens weiter zu verstärken.

4. **Setze dir neue Ziele**: Das Nichtrauchen ist ein großer Erfolg, auf den du stolz sein kannst. Nun ist es an der Zeit, neue Ziele in deinem Leben zu setzen, die dich motivieren und dir helfen, dich weiterzuentwickeln. Diese Ziele könnten mit deiner Gesundheit, Karriere oder persönlichen Interessen zu tun haben. Indem du dich auf neue Herausforderungen konzentrierst, lenkst du deinen Fokus weg vom Rauchen und hin zu den vielen positiven Möglichkeiten, die dir offenstehen.

Der Stolz des Nichtrauchens

Eines der stärksten Gefühle, die du nach dem Aufhören erleben wirst, ist der Stolz auf dich selbst und deine Leistung. Du hast eine der größten Herausforderungen deines Lebens gemeistert, eine Sucht überwunden und dein Leben positiv verändert. Dies ist ein Grund, stolz zu sein, und dieser Stolz wird dich weiterhin stärken und motivieren.

Der Stolz des Nichtrauchens zeigt sich in vielen Bereichen deines Lebens. Du wirst stolz darauf sein, wie viel besser du dich körperlich fühlst, wie sich deine Beziehungen verbessert haben und wie viel Geld du gespart hast. Du wirst feststellen, dass du mehr Selbstbewusstsein entwickelt hast, weil du die Kontrolle über dein Leben zurückgewonnen hast. Dieser Stolz ist ein mächtiger Antrieb, der dich auch in Zukunft dabei unterstützen wird, rauchfrei zu bleiben.

Jeder Tag, den du rauchfrei verbringst, ist ein weiterer Schritt in Richtung eines glücklicheren und gesünderen Lebens. Dieser Weg ist nicht immer einfach, aber die Belohnungen, die er mit sich bringt, sind es wert. Der Stolz, den du empfindest, wird dir helfen, stark zu bleiben, egal was passiert.

Dein neues, rauchfreies Leben ist ein Zeugnis deiner Stärke, deines Willens und deines Mutes. Du hast dich von der Sucht befreit und einen entscheidenden Schritt in Richtung eines besseren Lebens gemacht. Genieße diese Freiheit, pflege deine neuen Gewohnheiten und sei stolz auf das, was du erreicht hast. Du hast bewiesen, dass du die Kontrolle über dein Leben hast – und das ist etwas, das niemand dir jemals nehmen kann.

Nichtraucher-Tagebuch: Dein Weg in ein rauchfreies Leben

Ein persönliches Tagebuch kann ein mächtiges Werkzeug auf deinem Weg zum Nichtraucher sein. Es hilft dir, deine Fortschritte zu dokumentieren, deine Gedanken und Gefühle zu reflektieren und motiviert dich, dranzubleiben. Hier ist eine mögliche Struktur für dein Nichtraucher-Tagebuch:

Startseite: Deine Entscheidung

Datum des Rauchstopps:

___ / ___ / _____

Dieser Tag markiert den Beginn deines neuen, rauchfreien Lebens. Hier kannst du deine Entschlossenheit und deinen Willen festhalten, dein Leben positiv zu verändern. Dieser Moment ist der erste Schritt in Richtung Freiheit.

Deine Gründe für den Rauchstopp:

1. **Gesundheit:

   - Ich möchte länger leben und meine Lebensqualität verbessern.

   - Ich will das Risiko für Herzkrankheiten, Lungenkrebs und andere Gesundheitsprobleme verringern.

   - Ich möchte mehr Energie und eine bessere körperliche Fitness haben.

2. Familie:

- Ich möchte ein Vorbild für meine Kinder/Familie/Freunde sein.

- Ich will Zeit mit meinen Liebsten verbringen, ohne durch das Rauchen eingeschränkt zu sein.

- Ich möchte meine Familie nicht durch die negativen Folgen des Rauchens belasten.

-

-

3. Finanzielle Ersparnisse:

- Ich werde das Geld, das ich normalerweise für Zigaretten ausgegeben hätte, sparen.

- Mit dem gesparten Geld kann ich mir Dinge leisten, die mir Freude bereiten, z.B. einen Urlaub oder ein neues Hobby.

- Ich möchte finanziell unabhängiger werden.

-

-

4. Persönliche Freiheit:

  - Ich möchte mich von der Abhängigkeit und den Zwängen des Rauchens befreien.

  - Ich will keine Zeit mehr mit der Suche nach Gelegenheiten zum Rauchen verschwenden.

  - Ich will frei von Zigaretten leben, ohne ständig ans Rauchen denken zu müssen.

  -

  -

  -

Diese Gründe sind dein persönlicher Antrieb und eine Quelle der Motivation. Jedes Mal, wenn es schwierig wird, kannst du auf diese Seite zurückblicken und dich daran erinnern, warum du dich für ein rauchfreies Leben entschieden hast.

2. Tägliche Reflexion

Datum: ___

Tagesbewertung: (1 bis 10 – 1 = sehr schwer, 10 = problemlos)

Herausforderungen: Was waren heute schwierige Momente oder Versuchungen? Wie hast du darauf reagiert?

Erfolge: Womit bist du heute stolz auf dich? Was hast du gut gemacht?

Gefühle: Wie hast du dich heute gefühlt? (Physisch und emotional)

Motivationsgedanke: Notiere einen Satz, der dich motiviert weiterzumachen.

3. Wochenrückblick

Datum: ___

Was lief gut? Schreibe auf, welche Strategien
für dich am besten funktioniert haben.

Was war schwierig? Wo hast du gemerkt, dass
du Unterstützung oder andere Ansätze
brauchst?

Neue Ziele für die kommende Woche: Setze dir
erreichbare Ziele, z.B. „Ich werde stressige
Situationen ohne Zigarette bewältigen" oder
„Ich finde eine neue Belohnung für mich."

Belohnung für die Woche: Wie wirst du dich für deinen Erfolg belohnen? (z.B. ein schönes Essen, ein Kinobesuch)

4. Inspirierende Zitate oder Gedanken

Sammle motivierende Zitate, die dir Kraft geben, oder schreibe Gedanken auf, die dich inspiriert haben. Diese Seite soll dir in schwierigen Zeiten helfen.

5. Monatliche Fortschrittsreflexion

Was hat sich verbessert? Notiere die gesundheitlichen und emotionalen Veränderungen, die du bemerkst (z.B. besserer Schlaf, mehr Energie, weniger Stress).

Finanzielle Ersparnisse: Wie viel Geld hast du gespart, seitdem du nicht mehr rauchst?

Rückblick auf Erfolge: Schreibe darüber, wie weit du gekommen bist, und erkenne die positiven Veränderungen in deinem Leben an.

6. Rückfälle reflektieren

Datum des Rückfalls: ___

Was war der Auslöser? Analysiere, was zum Rückfall geführt hat.

Was kann ich daraus lernen? Schreibe auf, was du in Zukunft anders machen wirst.

Wiedereinstieg: Wie wirst du ab morgen wieder rauchfrei weitermachen?

Gestaltungsmöglichkeiten:

Visuelle Elemente: Füge inspirierende Bilder, Illustrationen oder Fotos hinzu, die dich motivieren.

Stimmungstracker: Verwende Symbole oder Farben, um deine Stimmung jeden Tag darzustellen.

Belohnungsplan: Setze dir konkrete Belohnungen für bestimmte Meilensteine (1 Woche, 1 Monat, 3 Monate, 6 Monate rauchfrei).

Dieses Tagebuch begleitet dich durch die Höhen und Tiefen des Rauchstopps und hilft dir, deine Erfolge zu feiern und Rückschläge zu überwinden. Es hält dich auf deinem Weg motiviert und bietet dir einen sicheren Ort, um deine Gedanken, Erfolge und Herausforderungen festzuhalten.

MIX

Papier | Fördert
gute Waldnutzung

FSC® C083411

Zeitfracht Medien GmbH
Ferdinand-Jühlke-Straße 7
99095 Erfurt, Deutschland
produktsicherheit@kolibri360.de